铁血诺蒙坎

THE BATTLE OF NOMONHAN

徐焰 著

辽宁人民出版社

© 徐焰 2022

图书在版编目（CIP）数据

铁血诺蒙坎 / 徐焰著 . —沈阳：辽宁人民出版社，
2022.8
ISBN 978-7-205-10411-5

Ⅰ . ①铁… Ⅱ . ①徐… Ⅲ . ①伪满洲国（1932）—战役
—史料—苏联 Ⅳ . ① K265.610.6

中国版本图书馆 CIP 数据核字（2022）第 018642 号

出版发行：辽宁人民出版社
　　　　　地址：沈阳市和平区十一纬路 25 号　邮编：110003
　　　　　http：//www.lnpph.com.cn
印　　刷：北京长宁印刷有限公司天津分公司
幅面尺寸：168mm×235mm
印　　张：15
字　　数：150 千字
出版时间：2022 年 8 月第 1 版
印刷时间：2022 年 8 月第 1 次印刷
责任编辑：王　增
封面设计：末末美书
版式设计：一诺设计
责任校对：吴艳杰
书　　号：ISBN 978-7-205-10411-5
定　　价：69.00 元

Contents 目 录

铁血诺蒙坎

▲   铁血诺蒙坎

序幕

苏联对日作战的历史意义应肯定

苏联和日本，是近代史上对中国影响最大的两个国家，这一对冤家的交锋地恰恰又在中华大地的东北即过去的满洲。笔者出生在东北，并长期在那里学习和工作，在沈阳军区服役十年间又到过中苏边境许多地段。在中国同俄联邦建立战略合作伙伴关系后也同俄罗斯军事科学院做过交流。

沙皇俄国同日本曾是宿敌，苏维埃俄国建立后日军又出兵进占俄远东地区，两国又添一层仇怨。1931年日本侵占中国东北并炮制伪满洲国后，苏日两军在边境上剑拔弩张对峙十几年，其中还在张鼓峰、诺蒙坎两地发生冲突。在国际反法西斯战争中，苏军曾长期牵制了日本陆军的主力关东军。1945年日本面临崩溃之际，苏联又出兵东北并攻击南库页岛和千岛群岛。对这次行动，在中国历史乃至世界史上成为评价最为复杂、毁誉最不统一的历史事件，不过从

▼
苏联油画《苏蒙联军越过长城》。

现代世界现代历史的进程看，苏联虽然与中国也有过矛盾和冲突，不过从总体上看还是帮助了中国的抗日战争，也支援了中国革命，对这一事实还应该予以肯定。

从沙俄到"老大哥"

从 19 世纪末至 1945 年第二次世界大战结束，沙皇俄国及后来的苏联在远东的最大敌人就是日本。日俄战争曾使两国打成血仇，日本总准备再对沙俄和后来的苏联作战，斯大林等领导人又总想对日复仇。不过令中国叹息的是，苏日两国争斗的主战场是在中华的东北大地上。

清末旧中国积贫积弱，北方的沙俄乘机占领"外满洲"即黑龙江以北和乌苏里江以东的大片土地，后来还想控制整个东北以实现"黄色俄罗斯"之梦。俄军曾侵占过全东北，还参加八国联军打进北京，因军风野蛮被中国人仇视，对其俗称为"老毛子"。

日本在 19 世纪后期崛起，实行"大陆政策"剑指朝鲜、中国东北乃至北太平洋岛屿，正好同沙俄的利益迎头碰撞。1894 年甲午战争发生，被中国人蔑称为"小鼻子"的日本人打入国门侵占了辽东半岛。俄国表面上帮助清朝，以炫耀武力"干涉还辽"，逼迫日本把马关条约中割去的辽东半岛归还中国。这块肥肉刚从虎口掏出，很快却落入熊嘴，俄军强"租"旅顺、大连并控制横贯中国东北腹心的中长铁路。1904 年至 1905 年，沙俄同日本为争夺中国东北发生

▲
日本所绘的日军在旅顺同俄军进行堑壕阵地攻击战的油画。

一场规模很大的号称"第零次世界大战"的日俄战争。

在"小鼻子"同"老毛子"的厮杀中，衰弱的中国处于"人为刀俎，我为鱼肉"的可悲境地。日军取得惨胜又精疲力竭时，同实力仍强的俄国划分了势力范围——日控南满、俄控北满。只是俄国十月革命后，以列宁为首的苏维埃政府才宣布放弃了在中国的俄租界及特权，而日本却乘虚而入，进入北满还占领过俄国远东的部分土地。

1917年十月革命后建立的苏维埃政权面对列强包围夹击，迫切希望中国也能爆发革命同自己配合，便在几十年间持续援华。苏联支持中国革命并帮助建立共产党，又援助国民党政权对日作战，其原因除推动世界革命的意识形态，主要还是自身对抗日本的国家利益使然。

苏联是世界上唯一从建国起便把国际主义作为立国纲领的国家，例如在1944年之前的国歌就是《国际歌》。十月革命爆发时，中国因大战时受俄方招募有几十万劳工在俄国务工，受到的压迫盘剥使其大都接受布尔什维克的宣传，前后有近10万人参加红军，是苏俄工农红军建立时人数最多的外籍战士。不过也应看到，苏联虽有支持世界被压迫民族解放的理念，也掺杂着传统大俄罗斯主义和东正教的思想影响，把苏联模式视为全世界唯一正确道路也是由此派生出来。

近代中国人民在"长夜难明赤县天"的苦难中挣扎时，终于听到"十月革命一声炮响"，能得到的唯一国际援助就来自苏联。孙中山在广东领导国民革命时，只是对苏求援成功，因此决定"以俄为师"。中国共产党成立后，由联共（布）主导的共产国际长期在传播理论、培养干部和经费方面给予了支援。日本发动侵华战争后，苏联努力促成国共合作，又向中国提供大量军事援助（不过是以国民政府为对象）。

中国进行的抗日战争和苏联的反法西斯斗争（包括打击日本关东军），都同属当年的国际反法西斯斗争的一部分。试想一下，如

▼
————————
苏联所绘的中国等国的东方劳工参加苏俄红军的油画。

果没有苏联在十几年时间里牵制日本陆军精锐的关东军，中国抗战的压力会增大多少倍？当然，国际间的援助往往是相互的，中国拖住了日本陆军众多兵力使其不能集中兵力北进，也不能全力投入太平洋战场，这对苏联和美国也是巨大的帮助。

苏军在 1945 年出兵东北，在"大日本帝国"垂危之际予以最后一击。苏联出兵占领东北后，默许中共派部队进入，曾秘密提供了有限的援助。当新中国建立后，苏联对华又提供了重大帮助，特别重要的是援建"156 项"重点企业，为新中国奠定了工业化基础。那时的中国人，曾以感谢的心情将苏联称为"老大哥"，后来看也是历史的必然。

▼
中国人民一直没有忘记的苏联对华的最大帮助，是援建"156 项"重点企业奠定了新中国的工业化基础。

學習蘇聯先進經驗建設我們的祖國

自古是礼仪之邦的中国人，对外来援助从来是"滴水之恩，当涌泉相报"。对苏联援华的那段历史，尊重历史的国人从来没有忘记。2015年庆祝世界反法西斯战争胜利70周年之际，习近平主席赴俄罗斯出席庆典时，曾专门向当年参加出兵东北对日作战的苏军老战士颁发了勋章，其中就包括俄罗斯军事科学院的院长加列耶夫。这位俄罗斯大将在同年还受邀赴北京，登上天安门参加了盛大的"九三阅兵"。笔者在莫斯科同加列耶夫大将谈到此事时，这位年过90岁的当年苏军老战士还对中苏两国人民的友谊感念不已。

历史现象如万花筒，分析问题应看主流不应只看枝节

历史现象从来是复杂因素的交织。谈起中俄（包括中苏）关系史，往往让人感慨万千——我们这个可爱而又曾多难的祖国，与北面这个最大邻邦交往的历史，真是一幅悲喜交集且又宛如万花筒般变幻不定的图景，不仅对不同时期有不同的评价，即使对同一时期、同一事件也是人言各异，多侧面、多角度、多视点所发出的多种描述和多样性的观感，交织成一面历史的多棱镜。

不过并非没有是非可言。公正客观地评价一个重大的历史现象，还是要从纷纭的现象中看本质、看主流。20世纪30年代中后期，当日本大举入侵，"中华民族到了最危险的时候"，英美等西方国家都保持中立，只有苏联以贷款形式提供武器、以"志愿航空队"名义派出空军帮助中国抗战，这是事实。不过，苏联为自身利益和对

日本争取缓和时也伤害过中国的利益，如 1941 年 4 月签订《苏日中立条约》就是不光彩的一页。后来苏美英达成的雅尔塔协议，以及随后同国民政府订立同盟条约，也都损害了中国的权益，是大国强权政治的体现。1949 年 7 月刘少奇访问苏联时，斯大林同他首次会见时就承认说那些条约"是不平等的，不过那时是跟国民党打交道，不得不如此"。

这句话不过是自我解嘲，对他国采取不平等的态度肯定会留下历史伤痕。不过我国政府的表态和正规出版物中始终认为，苏联以派出航空队来华参战、激战诺蒙坎和出兵中国东北等行动，都是打击日本侵略军的正义行为，都是当时世界反法西斯战争的一个组成部分。不管后来的苏联如何变化，肯定其对日战争的功绩仍属公允。

国民党当局起初对苏联这些行动的正义性也是承认的，甚至出兵东北在某种程度上也是其所求，只是败退到台湾后才转为怨恨，这都属于因为政治原因出尔反尔。

回想日本侵占中国东北建立伪满政权时，国民党政府采取不抵抗政策，因害怕得罪日方不敢援助东北的抗日武装。当时，只有中国共产党领导的东北抗日联军在白山黑水间坚持战斗，他们能得到的唯一外援（尽管数量不多）只来自苏联，最后难以坚持时也撤退到苏境内，建立了东北抗日联军教导旅。寄居于苏联的这支抗联部队，在四年间仍不断派小分队回东北采取侦察和游击活动，也向苏军提供了关东军的许多情报以便于其后来出兵东北作战。

从 1937 年夏天中国全民族抗日战争开始，美英等西方国家不肯

抗联教导旅干部在苏联时的合影。前排左二起为李兆麟、王一知、周保中、金日成。

援华也不对日本实施经济制裁。从那时起直至 1940 年，国际上只有苏联对中国提供了 2.5 亿美元的贷款用于购买武器，并派空军来华参加了对日空战。这些援华行动非常重要，但苏联对中国抗战最大的援助，还是在十几年间牵制了日本的关东军，而且还在东北边境的张鼓峰和诺蒙坎沉重打击了这支日军精锐。尤其是诺蒙坎一仗，苏军杀伤关东军精锐 4 万多人（其中击毙 1.8 万人）。此役不仅让关东军始终对苏军心有余悸，不敢再妄想"北进"，也迫使日本陆军在几年间将大部精锐师团配置在靠近苏联边界附近。

1941 年 12 月太平洋战争爆发时，日本 210 万陆军的配置除本土少量留兵外，主力分属三个方向——关东军 75 万人，中国派遣军 63 万人，南方军 40 万人。从中可以看出，用于对美英作战的南方军兵力还是最少的，兵力最多的关东军放在苏联边境附近不战、不和还

▲
日本精锐的关东军长期被牵制在苏联远东对面，这是当年日本士兵守边境的照片。

不能抽调到其他地方作战，是极为愚蠢的战略。日本大本营出此昏招，既是害怕苏军出兵攻入满洲，也是幻想待德国能击败苏联时再趁火打劫进占远东。到1943年初斯大林格勒会战德军大败后，日本大本营最后决定对苏由攻势部署转为采取守势，关东军却仍不敢减少兵力，在老牌精锐师团陆续南调后仍以相应数量的新部队替补。不过苏日军队装备和作战素质差距日益拉大，到苏军出兵东北时关东军就根本无法招架。

苏军出兵对日开战，是应美国和中国国民政府的请求。国民党政府为求苏军进占东北后将其交给自己而不给中共，不惜出让领土主权，同意外蒙古独立。不过战后美苏马上由盟友转变为最大的对手，国民党政权又充当美国的附庸，这也决定了进军东北的苏军在外交上不得不同国民党做形式来往，实际行动还是支持中共。

日本刚投降时，东北抗联的最高领导人周保中随苏军进入长春并以卫戍副司令"黄中校"的身份进行了接收，当时笔者的父亲受中共东北局派遣赶到他身边负责联络，他在暮年后还常提起感到特别激动的一件事：他第一次进入驻长春的苏联远东军司令部（即原来的关东军司令部大楼）内大厅时，翻译向在场的军官介绍这是中国共产党和八路军的代表，当场就发出一片欢呼，苏联军官争着过来一一握手表示亲热。不久，宋美龄、蒋经国飞到长春慰劳苏军并授勋，当天晚间家父在苏军司令部餐厅见到授勋回来的军官们都对国民党此举嗤之以鼻，有人甚至当场把勋章扔掉。家父生前一讲起此事就说："那时他们毕竟把我们当成同志！"

▲

苏军与出关的八路军相遇时还是显得很亲热。

▲

表明中苏联手战胜法西斯的雕塑。

回顾苏军的消极面时，要引发深层次的反思

中国人谈到日本在东北的统治，一直是异口同声的义愤填膺。谈到苏联对日作战和进入东北时，人们往往毁誉不一，即使对苏联有着好感的人也能讲出一些不愉快的往事。

在"以俄为师"的年代里，中国人往往总是以美好的想象来描绘苏联，苏军进入东北后也发生过一些军纪败坏的事情。

爱也深，恨也切，中国同苏联的历史交往相当复杂，看待苏军出兵东北那一幕时也是如此。中苏友好的岁月里，两国的宣传中曾一再称赞苏联的"国际主义精神"，不过后来陆续公开的史料一再证明，苏联出兵的动机也主要是为了自己国家的利益。

苏联对日开战前，斯大林、罗斯福、丘吉尔在雅尔塔协议中以中国主权做交易。罗斯福从美国利益出发，又慷中国之慨，背着盟友同苏联达成交易，事后要求国民党政权接受，这既是霸权主义的体现又是衰败软弱的旧中国的悲哀。

近代中国革命的先驱孙中山在晚年寄希望于苏联，认为那是一个"以平等待我之民族"。可叹的是，苏联长期对中国却没有采取平等态度。进入东北之初，苏军将伪满大量工业设备（还包括一些民用基础设备）当成"战利品"拆运回国，造成不少企业停工和工人失业。尤其是刚开进的部队在前两个月内纪律很坏，在东北民众的心中留下过恶劣印象。虽说这种纪律败坏多属个人行为而非国家政策，其主要根源却在于国家存在的民族沙文主义思想。若追根溯源，俄罗斯在近代是发展极不平衡的国家，东正教与沙皇专政相结合的体制，与西方接轨的某些工业城市与中世纪状态的贫困落后农村并存，既造成了革命土壤，也使一些革命者继承了历史上的不良基因，并长久影响中苏关系。

后来苏军派出大批纠察队上街抓捕违纪人员，最多一天枪毙二十多人，才勉强遏制住坏风气。此后 10 年间苏军在大连、旅顺驻扎，直至 1955 年撤军前纪律还比较好。笔者曾向那时的当地干部做过调查，几十年前在旅大警备区时也看过相关材料，还能见到苏军经常到中国的城市街道、乡间搞助民劳动、军民联欢的记录，苏军家属子弟学校和当地中国学生相处也不错。由此可见，军队的纪律好坏还在于管理，同时也在于领导的带头作用。

记得在 1987 年夏天，抗联领导人周保中的夫人王一知曾来家中看笔者的父亲，后来笔者也去她位于红霞公寓的住处，其间谈到很多苏军进驻东北后的情况。周保中随苏军回长春后挂中校军衔并担任苏军长春卫戍司令部副司令员，王一知则挂着苏军中尉军衔。

根据王一知回忆说，苏军从 1945 年 10 月以后

▼

雅尔塔会议上三巨头照片。

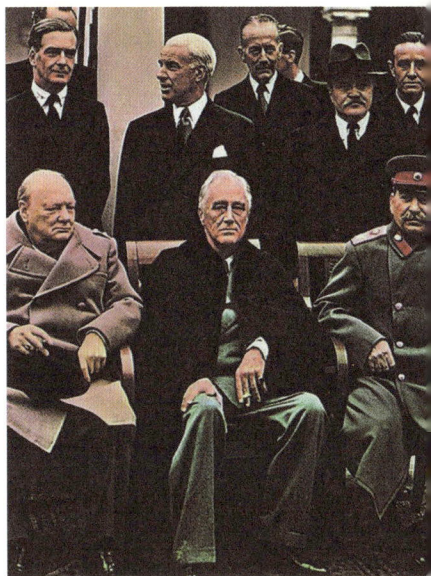

▲

西方所绘丑化 1945 苏军形象，左边的骑兵中士腕上戴几块表，意为抢劫而来。

东北抗日联军后期
领导人周保中和夫
人王一知在苏联的
照片，当时都穿苏
联所发的军装。

整顿军纪，派出不少纠察队上街，内部也加强管理，还枪毙了不少胡作非为者，对外胡作非为扰民的现象确实大为减少，不过官兵以占领者的特权为个人谋私利的问题却依然存在。

几十年来，中国人民看待苏军出兵东北的历史问题，还是着重看主流。目前在国内许多地区一直矗立着纪念苏军官兵的纪念碑，政府和民间给予了很好的保护和修缮。这种举动，赢得了过去的苏联人民和后来的俄罗斯方面的感谢，也表现出中国人对历史公正客观的态度。

当年苏联对日作战帮助了中国，归根结底还是关注自己的国家利益。1991年苏联解体时，笔者曾带着感叹之情去找过曾先后为彭德怀、周恩来当过军事秘书的王亚志，那位老前辈以坦荡的态度回忆了苏联援华时种种利己主义的做法，并说在20世纪50年代前期为某位领导人起草稿子感谢苏联时，如写上"无私援助"，这位领导人每次总会划掉"无私"一词。

苏联的援助从来就不是"无私"的，赫鲁晓夫在1954年中华人民共和国国庆节访华时也承认这一点，坦率地说帮助中国实际上也是为了苏联自己。这一点无可厚非，因为国家之间靠"国际主义"维系的关系都非常脆弱，只有以国家利益维系关系才能长久。

20世纪70年代末，邓小平通过总结过去对外关系的经验教训，确定了不以意识形态而以国家利益定亲疏的原则。苏联解体后，继承其法统的俄罗斯联邦同中国在国际战略格局上有了诸多的共同利益，这决定了中俄关系由"友好国家"发展为"战略合作伙伴"关系。多年来，中俄两国一起共同纪念反法西斯战争，同样也符合两国的

▶
在大连建起的纪念苏联红军的雕塑几十年一直矗立。

共同利益。

中国改革开放已有四十多年，神州面貌已经发生了"天翻地覆慨而慷"的巨变，国内生产总值已由改革开放前的世界第8位变为第2位，昔日在苏联领导人眼中贫穷衰弱的中国，国内生产总值已是俄罗斯联邦的许多倍，"徒弟""受援者"的身份早已是过去。在国际关系中，一切取决于力量对比，当年和今天的中俄、中日关系也都是如此。回顾苏联对日作战的历史篇章，国人应该纪念帮助过自己的国际友人，同时也更应感到"发展是硬道理"。只有自己强大起来，才能让本国领土成为他国战场的情景不再出现。

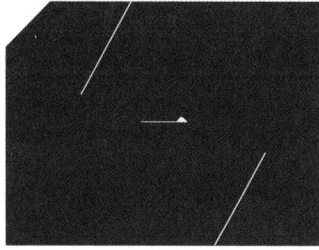

日俄为宿敌，大战结旧仇

俄国画刊中表现的沙俄军队进入中国东北的场景，当时俄国在中国获得很多特权。

1945年2月，斯大林在雅尔塔会议上提出的苏联对日本作战的一项条件，那便是"由日本1904年背信弃义进攻所破坏的俄国以前权益须予恢复"。这清楚地表明，苏联出兵东北的目的除了消灭东方法西斯势力，还想恢复当年沙俄在中国掠夺的侵略果实，而这种侵略所获的利益原来是被列宁和十月革命后的苏维埃政权所谴责过的。后来苏联长期不愿意提雅尔塔协定一事，不过一个事实却无法抹杀，那就是沙皇俄国同日本因利益纠葛而产生的。

俄国东进北太平洋岛屿，同日本开始有冲突

日本同俄国的利益相互碰撞，早在18世纪就已出现。一向有扩张欲望的沙皇俄国向太平洋沿岸开拓领土，正好遇到日本向北海道和库页岛、千岛群岛发展控制区，双方因为土地之争就出现了冲突。

16世纪时，沙皇建立的俄罗斯帝国还是一个东欧国家，北部寒区的磨炼加上融入蒙古马背民族的征服精神，使之有着向外扩张的传统。17世纪初，俄国哥萨克向乌拉尔山以东的万里大陆开始领土

扩张，为数很少的毛皮商人和哥萨克马队轻易地占领了世界上陆地面积最大的西伯利亚。1638 年的一天，一个名叫莫斯科维奇的小头目率领的 30 名哥萨克骑兵终于到达了鄂霍茨克海岸。

面对着太平洋，这批首次到达这里的欧洲人狂欢起来，俄罗斯就此成了领土濒临大西洋和太平洋的世界最大帝国！

后人讲来都感到惊讶的是，几百个武装人员再加百余名皮毛商人，竟能征服世界上最大一片土地！不过细究其原因也不奇怪，这些俄国远征队拥有从西欧传来的先进枪炮技术，对待西伯利亚的少数原始部落，真如同西班牙人对付印第安人一样容易。

西伯利亚虽轻易拿到手，俄国人却感到没有多少价值，那里虽

▲
18 世纪的俄国航船在北美洲海岸探险的油画。

▲
俄国画家苏里柯夫所绘的《叶尔马克征服西伯利亚》表现了17世纪沙俄军队向东扩张的场面。

有世界上面积最大的森林并有金矿一类宝藏，却无法开采和运输。远征队随后南下东进，寻找温暖之地和"不冻港"。俄国哥萨克敢于冒险和闯荡的习性，在这次世界上距离空前的陆地远征中发挥出优势。

1643年，俄罗斯远征队到达了黑龙江边。此时，满洲八旗正忙于准备入主富饶的中原，黑龙江以北留下的居民主要是向清廷交皮毛税的达斡尔等原始部落。1645年，俄国远征队沿黑龙江东下到了出海口，又看见了库页岛的西北海岸并产生占领的念头。清王朝得知自己的发源地北面出现威胁，于1685年春季调集1.5万军队乘船北进黑龙江上游，同只有800人的俄国远征队进行了春夏打、天寒停的三年雅克萨之战。

在当时人烟稀少的荒凉之地作战，双方都出现供应困难的问题，尤其是清军因兵多只能在春夏解冻时靠船运粮。1689 年中俄两国妥协，签订了《尼布楚条约》，规定以外兴安岭为界。此时俄国人从蒙古得到了中国茶叶，运到莫斯科后马上就成为宫廷和贵族不可缺少的饮料，随后连普通哥萨克兵和平民都养成这一嗜好，到了人称"宁可一日无食，不可一日无茶"的地步。俄国最早在北京建立了常驻使团，并通过内外蒙古到贝加尔湖边建立了晋商主导的"茶运之路"，中国也以此贸易换回皮毛、铁器等。清廷百年间认为可以"以茶制夷"，几任沙皇为了日常不可缺的茶叶也维持了对华的和平关系，不过俄国向太平洋沿岸的扩张并未停顿。

▼
广廷渤、吴静雨、刘剑英所创作的油画《雅克萨自卫反击战》。

《尼布楚条约》签订后，彼得大帝仍要求向东方开拓，俄国远征队于1697年初到达欧亚大陆东端的堪察加半岛，以火枪很快征服了爱斯基摩人等原始部落。1741年，白令所率的俄国船只从堪察加半岛向东航行，发现了美洲的阿拉斯加，并于1799年宣布这块面积达170万平方公里的寒冷荒凉之地属于自己的"俄罗斯美洲"。后来因克里米亚战争中俄国失败，英国从加拿大方向威胁阿拉斯加，俄军当时的几百人无法防守，才于1867年将其以720万美元的价格卖给美国。

沙俄轻易占领西伯利亚和太平洋北部沿岸后，在当地建立的最大据点鄂霍茨克在一年内只有三个月无霜期，难以进行农业生产。俄国人还想南下，就此盯上了库页岛和千岛群岛。

库页岛是由一条狭窄的鞑靼海峡同大陆相隔的大岛，面积达7万多平方公里，原来生活着赫哲族等部落，一直接受元明清三代政权的统治。尽管按《尼布楚条约》此地应属中国，清政府却认为此地过于荒凉，开始偶尔在夏季派人上岛收取皮毛作为赋税，后来官员因懈怠而在百年间几乎不派人上岛，对俄日两国进占该岛一直不闻不问。

从1765年起，俄国人在库页岛北部修起营舍并开采煤矿，接着把多数赫哲族人赶回大陆，将其改名为"萨哈林岛"。同时，俄船也频繁地驶往千岛群岛海域，并在南部的得抚岛、择捉岛登陆，逼迫当地的原始居民虾夷人臣服沙皇。后来俄罗斯人据此还宣布，是他们最早控制了日本人目前声言索要的"北方四岛"。

库页岛南面的北海道，过去本是阿伊努人即"虾夷人"的居住地，因天气寒冷，日本人直至 12 世纪才开始染指这片区域。18 世纪末，幕府才派人北进控制全岛，并将北海道纳入日本版图，还派人渡海进驻库页岛南端。1790 年，日本的松前藩在库页岛南端设置市集，同岛北端的俄国人形成对峙。

从 1805 年至 1813 年，俄国人屡屡派小股人员登上北海道北面的择捉等岛，同日本人发生了一系列军事冲突，终因后援困难而停止，此举被日本人称为"北寇八年"。由此看来，日本同俄国关于"北方四岛"的历史归属之争已超过 200 年，日俄最早的交战也是在那里开始，只是当时规模还是几十人或上百人规模的小冲突，还算不上战争。

19 世纪中叶，鸦片战争彻底暴露了清政府的腐朽无能，此时黑龙江以北和乌苏里江以东之地仍是一派"沃野千里，有土无人"的景象。据英国考察人员调查，百万平方公里之地只有土著居民 2.4 万人，除有千余名守兵的瑷珲城外，黑龙江沿岸几乎没有一个集镇和驻军点。俄军利用这一点，从 1847 年起便占据了黑龙江口一带并建立城堡，接着分头进占黑龙江以北和乌苏里江以东广大地区，并移民建立村镇。1858 年和 1860 年，沙俄利用英法军队侵华，逼迫危急中的清政府签订《瑷珲条约》《北京条约》，承认那片土地改属俄国的既成事实。

中国最后一个封建王朝实行重内轻外政策，"有边无防"导致的历史性灾难，至此已难挽回。此事和中国边海防的其他失地事件

都显示出一个历史教训，那就是对自己宣布拥有的国土一定要有效守卫，而不能只在口头上或文献中宣布，那样根本无法制止觊觎者侵占。

1853 年 7 月，美国东印度舰队司令佩里率领 4 艘全副武装的黑色军舰闯入了日本横须贺港，史称"黑船事件"，封闭的日本也打开了国门。1854 年，日本在美国炮舰逼迫下签订了《神奈川条约》，开放通商口岸，允许外国人在此有不受管辖的特权。

1853 年至 1856 年间，俄国同英法土联军进行了克里米亚战争。面对太平洋上的英法舰队攻击，俄军堪察加半岛的舰队和守军都撤退到黑龙江口和库页岛北部，同时派军舰到日本签订了《日俄和亲通好条约》。此时俄国同日本签约，主要目的是稳住南方，承认过去同幕府争夺的南千岛群岛即后来所称的"北方四岛"属于日本，自己只保留荒凉的北千岛群岛。

克里米亚战争结束两年后，俄国对日态度就转为强硬，在1858年同英法美荷一起迫使日本签订不平等的《安政条约》。日本如同此时的清政府一样，让列强在大阪、长崎等口岸建立租界，拥有领事裁判权，并拥有关税特权和军舰驶入权。这些不平等条约，在1894年日本发动甲午战争后得到修改，至1911年才彻底废除。

▲
表现俄罗斯海军长期以日本长崎为停泊地，水兵与当地女人的油画。

俄国占领黑龙江口和海参崴（改俄文名"符拉迪沃斯托克"，意为"控制东方"）作为太平洋上的基地后，感到那里的冬季也封冻，迫使日本同意开放长崎港供其远东舰队（后改称太平洋舰队）冬季到此停泊。这个滨海城市还有了一条"俄罗斯街"，开设了餐厅、酒吧和妓院等供俄军消费。日本人就此熟悉了俄国海军，同时也认为开港这一耻辱必当洗雪。

1868年日本开始明治维新后，经考察认为应主要以德国为榜样，兼学英国、法国和美国的长处，而俄国则落后腐朽"一无可学之处"。

▲
日本的这幅浮世绘
所画的是明治维新
后的情景，表现其
走向近代化。

日文中确定的俄罗斯当用汉字以谐音定为"露西亚"，简称"露国"。

不过日本上层对此还有一重解释，即认为自己是"朝日之国"，俄国犹如"露水"，阳光升起就会消失，轻蔑之情溢于言表。

◀
明治维新后日本军官的形象，已经向
近代化转变。

俄皇太子访日遇刺，双方争夺满洲和朝鲜

俄国控制了黑龙江北和乌苏里江以东后虽大量移民，仍感到气候寒冷，开垦收获不能自给。到1890年之前，远东俄国居民不到60万人，驻军最多为5万至6万人。从欧洲无法以马车向万里之外的远东运送生活物资，为维持军民生活不得不年年从中国和日本进口粮食。沙俄除想夺取南方的"不冻港"，还要修建一条从莫斯科通向远东的铁路来支撑扩张政策。

愚昧昏聩的清政府原先想以封禁保存"龙兴之地"，却被俄国乘虚占领"外满洲"，痛定思痛才改行"移民实边"。1861年清政府在东北对关内移民"解禁"，随后40年间，山东、河北等地的移民"担担提篮，扶老携幼，或东出榆关，或东渡渤海，蜂涌蚁聚"，关东大地上人口迅速增至1800万，终于实现了"有民守土"。

明治维新后的日本，将"开拓万里波涛，布国威于四方"写进了天皇下达的诏书。这一"开拓"除夺取台湾外，其"大陆政策"就是进占朝鲜和满洲，为此既要入侵中国又要准备打败俄国。

1886年，沙皇亚历山大三世宣布将修建世界上最长的铁路——西伯利亚大铁路，预计开工后用12年可以完工，预定投入3.5亿卢布（此时1卢布可折算为0.7两白银）巨资。1891年开工后，因施工难度远超出预想，耗费竟高过预算五倍。

1891年3月，西伯利亚铁路在海参崴和乌拉尔山附近的车里雅宾斯克同时开工。沙俄皇储尼古拉率7艘军舰绕了大半个地球，从

圣彼得堡航行到远东准备参加东段开工典礼。昏聩的清王朝未料到这条铁路建成的后果，在上海、武汉盛情接待了这位后来的末代沙皇。日本朝野却受到最大震动，认为打败腐朽的朝鲜和清王朝不难，俄国将成为最可怕的敌手。

1891年5月11日，俄国皇太子尼古拉结束访华后顺路访日，在京都旁边的大津城游览时突然遇到路边的人刺杀，幸亏希腊王子格奥尔基用拐杖抵挡，只是头上挨了一刀而未致命。这个凶手是警察津田三藏，为极端仇俄分子，为了表明对天皇的忠心才实施了刺杀。这类疯狂刺杀外国人和本国重臣的举动，在日本历史上屡见不鲜，以致当年的东瀛曾被称为"刺客之国"。不过强邻俄国的皇储来访竟遇刺，令日本政府十分狼狈，天皇亲自来当面道歉，不过法庭以谋杀未遂罪判处凶手无期徒刑而未处决。

▲
西方人所绘的1891年俄皇太子（左）遇刺的场面，把日本刺客画成了野蛮土著形象。

此时日本上层估算，长达9000公里的西伯利亚铁路一旦修通，俄国在远东的驻军数量可增加十几倍，太平洋舰队也可扩充。为此，日本要人们认为要赶在铁路通车前打两仗——第一仗打败中国，第二仗打败俄国，后来的历史果然就如此演进。

俄皇太子带伤前往海参崴参加西伯利亚铁路开工典礼，一路上愤怒地咒骂日本人是"野蛮的猕猴"，发誓要进行报复。从深层次讲，一个大国的对外政策毕竟不是个人恩怨所决定，沙俄与日本走上敌对道路，从根源上讲是两国扩张矛头迎头相撞的结果。

1894年7月，日本以"帮助朝鲜摆脱清国而独立"为借口，发动对华战争即甲午战争，腐朽的清王朝在陆、海两个战场均大败。同年11月日军攻占旅顺和辽南地区，翌年2月又攻占山东威海并消灭了北洋海军，接着在营口一带击溃了湘军。在日本扬言要进攻北京的威胁下，清王朝派出李鸿章赴日求和，于1895年4月17日签订了《马关条约》，规定中国对日赔款2亿两白银，还要割让辽东半岛和台湾。

甲午战争之初，俄国坐山观虎斗，见日军攻占辽东半岛后，沙皇尼古拉二世召开即位后的第一次御前会议，认为必须打压日本。此时俄国在远东的5万陆军中动员了3万人准备进入满洲参战，远东的海军也集结了22艘军舰分驻烟台、长崎。《马关条约》签订次日，俄国驻华公使便劝告清政府推迟批准条约，接着同德国、法国商定，

◀

马关谈判场景。

▲
表现日军进入朝鲜的画作。

于 4 月 23 日三国联合向日本递交照会，要求其向中国退还辽东半岛。

俄国递交照会的同时，下令集中到烟台的 10 艘俄国军舰脱下炮衣，准备向占领威海的日本联合舰队发起攻击。长崎港内的俄国军舰也升火待航，官兵进入战备状态，战争近乎一触即发。已打得疲惫不堪的日本感到无力同俄国开战，只得再向中国勒索了 3000 万两白银的"赎辽费"后，归还了辽东半岛。俄国的干涉让日本举国激愤，明治天皇以"卧薪尝胆"激励臣民，伊藤博文首相也在内部称要以十年为期报复，国民动员口号由"打败清国"改为"向俄国佬复仇"。

甲午战争后，俄国为南下又插手朝鲜，同在当地留有驻军的日本进一步激化了矛盾。1895 年 10 月 8 日，日本驻朝公使率浪人、军人冲进汉城王宫，杀死了企图联俄制日的闵妃。随后，受惊吓的朝鲜国王高宗和王储逃入俄国公使馆，俄海军派水兵进入汉城进行"保护"。此时日本羽毛未丰，曾想与俄国瓜分朝鲜，于1896年提出以北纬38度划分势力范围。野心勃勃的沙俄对此不接受，历史上却就此留下"三八线"这样一个后来引来无数纠葛的名词。

朝鲜高宗逃入使馆一年，也不甘当受俄国公使摆布的傀儡，又回到皇宫，想在日俄之间玩平衡以自保。日本力量增强后，又看到俄国控制满洲，提出了"满鲜交换"的方案，沙皇对此却含糊应付，只等待西伯利亚铁路修通。

甲午战争之后，清廷把俄国看成"救星"，光绪皇帝主持制定了"联俄制日"政策。1896年5月，沙皇尼古拉二世举行加冕典礼时，别有用心地邀请清朝权臣李鸿章参加典礼，双方就此签订了一个《中俄密约》。此约曾秘不示人，十月革命后建立的苏维埃政府为揭露沙俄统治的罪恶，才将其内容公布出来。

俄国拟定的《中俄密约》主要内容是：如日本入侵俄国远东或中国、朝鲜土地，中俄两国应互相援助，战争期间中国所有口岸均向俄国兵船开放。中国允许俄国建造一条穿越北满至海参崴的铁路，无论战时平时俄方均有权使用该铁路运送兵员、粮食和军械。此约签订，让俄国的西伯利亚铁路最东段能取捷径直通海参崴，又把中国东北变成了俄国的势力范围。

衰弱的清朝同俄国秘密结盟，却首先被其算计。1897年12月，俄国派出舰队闯进旅顺港过冬，接着威胁引诱并用，迫使清政府于

1898 年 3 月签订了把旅顺及其附近之地"租借"给俄国 25 年的协定。俄国不仅在旅顺扩建军港并作为太平洋舰队的主要基地，又在北面修建命名为"达里尼"的商港城市，音译后称"大连"。刚从日本狼嘴中讨回来的肉，这次又落入了熊口，中国人就此认清了沙俄"干涉还辽"的真实用心。

1900 年中国发生义和团运动，俄国不仅派兵参加八国联军攻入北京，还出动 17 万军队占领了全东北。此时俄国为实现"黄色俄罗斯"的迷梦，在列强讨论如何处置中国时曾主张瓜分，将长城以北变成本国殖民地。注重在华商贸利益且想遏制俄国势力的英美等国却主张保留清政府，实行列强在华"利润均沾"，日本更是反对俄国的主张，最终"门户开放论"还是压倒了"瓜分论"。

1900 年李鸿章到北京和谈时，参加八国联军的俄军对他实行"护卫"的画面。俄国控制李鸿章是为了逼其承认自己控制东北。

1901 年 9 月，俄国同其他列强一起与清廷签订了"只赔款、不割地"的《辛丑条约》。随后中俄签订了《交收东三省条约》，规定俄军分三期撤出东北（不包括大连、旅顺）。俄国却向清廷提出再订密约，保留俄国在东北的路矿权和铁路沿线驻兵权，并在全东北使用卢布，这等于继续控制当地。随后，俄军只撤走少量部队，在东北仍留 9 万驻军。

此时的日本不允许俄国控制中国东北和朝鲜,国内少壮派纷纷叫嚷要对俄开战。卸任首相的元老伊藤博文自感实力不济,斥责开战论是"黄口小儿的胡说",并对比了两国的年度财政收入:"日元和卢布差不多等值,但俄国有 20 亿卢布的经费,日本只有 2 亿日元。"

　　1901 年 12 月,伊藤博文访问了彼得堡,仍想寻求"满鲜交换",沙皇却虚与委蛇。此时俄国在远东的扩张刺激了英国,便改变了一直标榜"光荣孤立"而不同任何国家缔结同盟的惯例,同一个实力还远不能同自己相提并论的亚洲国家结盟。1902 年 1 月 30 日,《英日同盟条约》签订,共同的对抗目标明显指向俄国。美国为遏制俄国在太平洋的发展,也愿意向日本提供贷款。

　　日本同英国结盟,并有美国财政帮助,对俄国开战才有底气。此时俄国人口为 1.4 亿,年钢产量 200 多万吨,能自产战舰(舰上

日俄战争前的西方漫画,表现日本有了英美支持才敢对俄国挑战。

重要部件还需进口）。日本人口为 4400 万，产业结构还是以轻纺为主，年钢产量仅几万吨。日本常备陆军 20 万人，俄国常备陆军却有 140 万人。日本海军总吨位有 26 万吨，俄舰总共有 56 万吨。不过俄国因运输困难，在远东只维持军队 12 万人，太平洋舰队总吨位为 19 万吨，自己的总体绝对优势在对付日本时却出现了局部劣势。

1904 年初，西伯利亚铁路只剩贝加尔湖一段百余公里的艰难路段未打通，估计翌年夏天能通车。仍感心虚的明治天皇又一次致电沙皇，重提"满鲜交换"，对方只表示愿意谈判却意在拖延时间。日本重臣和军方催促"尽快开战"，于是明治天皇最后决定利用俄国的骄狂和麻痹向其发起突然袭击。

▼
日俄战争时期的西方漫画，将二者描绘成狼与熊的争斗。

"狼"敢搏"熊"，日本"赌国运"孤注一掷

国际舆论从日俄实力对比分析，经常以熊来形容俄国，日本社会上也称其为"熊俄"。日本与之相比，不过是一只狼，狼和熊的搏斗是一场不对等的较量。

日本对俄开战，要冒拿国家命运做赌注的极大风险。负责开战筹划的儿玉源太郎大将私下也表示："说实话，我不认为日本能够战胜俄国。"开战之时，日本决策层索性只做一种求胜的预案，并提出这

是"赌国运"。按英国人当时的评论——"俄国人输了只是丢掉一顿晚餐,日本人输了就要亡国。"

战前俄国沙皇和多数陆海军将领认为,日本不敢向自己开战,远东部队也未进入备战状态。日本便利用这一点,决定不顾国际道义采取不宣而战的偷袭(后来也一贯如此),首先攻击削弱旅顺港内的俄国太平洋舰队。日军在陆海两方面的预案,都是先打垮远东俄军,再打欧洲的援军。若初战打成僵局,俄国实力雄厚的援军到达,日本就必败无疑。

近现代战争又是财力的比拼。1903年日本年财政收入不到3亿日元,动用了此前的积蓄,再以狂热的煽动向国内发行了4.8亿元的国债,仍感到难以长久维持。此时英国同意借贷,并卖给日本6艘刚下水的1.5万吨位的世界最新型战列舰,使日舰对俄舰有了性能优势。美国的犹太财团怨恨沙俄的反犹政策,也愿为日本发行债券。

1904年2月8日,旅顺口内的俄军得知日本已与俄断交并撤走侨民,仍傲慢地认为"小个子日本"只是外交施压而不敢开战。当天晚间,为太平洋舰队司令斯达尔克的夫人命名日而举行的大型舞会依然举办,海军军官们大都参加,军舰上只留少数值班人员。午夜12时(已到2月9日),停泊场的俄舰值班观察水兵发现黑暗中隐约有几艘舰艇驶来,发信号讯问时得到的是本国舰艇规定的

▼
表现日本鱼雷艇偷袭旅顺港外俄舰的画作。

答复。待这些鱼雷艇驶近时，俄国人看到发射的火光并听到日语"万岁"的欢呼声时，才知道遭受了偷袭，未能有效还击时日艇就逃走。

2月9日凌晨，俄国军官惊愕地发现，太平洋舰队三艘主力舰已中了鱼雷搁浅在外港的锚地上。当天在朝鲜仁川港内，从美国订购的俄国最新锐的巡洋舰"瓦良格"号（排水量6500吨，配有152毫米火炮8门）被日本舰队包围，在猛烈炮火围攻下不肯投降而自沉。2月10日，又有一艘从外海返回旅顺的俄国巡洋舰"包亚林"触中日本布设的水雷沉没。这样，俄军舰队开战时就损失五艘大舰。俄国海军马上由自傲变成怯敌如虎，躲在旅顺港待援，拱手让出制海权。

开战后三个月内，日本陆军模仿普鲁士的快速动员机制，将军队扩充至50万人，其中25万人由朝鲜、辽东半岛登陆并向南满推进。俄陆军节节退向旅顺、辽阳等预先设防据点，一味等待欧洲援军。因西伯利亚铁路在贝加尔湖边还有一段未通而形成"肠梗阻"，俄军只好在中间用马车接力运输，一个月只能运到两至三个师及10万吨左右的物资。预定增援远东的波罗的海舰队起航准备竟用了近八个月，至1904年9月才出航。

日军利用俄国增援缓慢，在1904年6月占领"达里尼"（大连），包围了旅顺。此时日俄两军武器装备水平基本相当，日军却是民族单一并有武士道狂热，战斗精神强。俄军内部民族复杂、矛盾重重，哥萨克骑兵欺压步兵"庄稼佬"，加上革命党人散布反战情绪，结果在作战中几乎都是被动挨打，兵力取得优势后也极少主动出击。

旅顺要塞被围后，日军以三个师团6万人从后面的陆路强攻旅顺要塞，并以军舰拦截、布雷和沉船堵口等方式封锁俄舰出海，完全沿用甲午战争时攻旅顺、威海的故技。俄军两个师依托钢骨水泥工事坚守，太平洋舰队于8月10日离开旅顺向海参崴突围，已得到情报的日本联合舰队则在港外拦截。俄国舰队与日舰交火不久，旗舰司令官便中弹阵亡，各舰四散逃命，有少数转向逃到青岛、上海等中立港口被扣留，多数舰只逃回旅顺。此后俄舰火炮大多被搬上岸保卫要塞，水兵被当成步兵用于地面战。

▲
表现旅顺俄军筑垒守军与日军作战的画作。

同年8月，日军以13万军队进攻辽阳的22万俄军（第一线兵力16万）。在外围会战中，俄军死伤1.6万人，日军死伤2.3万人，反映出俄军士兵作战素质并不逊于日军。不过俄军将领怯战尤其害怕被围，当日军一路迂回至辽阳北的铁路线时，实力超过日军的俄军便慌忙撤往奉天（沈阳）。

旅顺的 4.5 万俄军顽强坚守，使日军遇到了最难啃的硬骨头。第三军司令乃木希典曾保证 8 月间拿下要塞，至 11 月间仍猛攻不克。此时波罗的海舰队已起航一个多月，若在其到达远东之前仍攻不下旅顺，日本联合舰队将两面受敌，若海上运输线被截断又会随之造成陆上战场崩溃。

鉴于尽快攻下旅顺是日军取胜的唯一希望，乃木希典孤注一掷，组织称为"肉弹"的敢死队连续 20 天猛攻可俯瞰港口的 203 高地。日军面对俄军首次大规模使用了重机枪和手榴弹，在这一狭小的山坡上就死伤 1.7 万人。俄国守军虽只死伤了 4000 人，其长官却因意志崩溃放弃了阵地。日军于 12 月 5 日占领这一制高点后，马上设立火炮观察所，引导 280 毫米重炮打靶式地轰击了港内的各艘俄舰，俄军舰队就此撤回国内维修了半年。

旅顺城北主要制高点失守后，被围俄军还剩下 3.3 万人（内有 1.5 万伤病员），并有三个月存粮和大批弹药，将领们却失去抵抗意志。

1905 年元旦旅顺要塞投降，接受了日军贿赂的俄军将领还没有破坏要塞内剩下的武器和几十万发炮弹，港内沉舰很快又被日本人捞起修复补充了联合舰队的损失。日本第三军在进攻战中死伤 6 万人，还有 6 万人患病减员（约三分之一病死），不过因及时补充还是维持了战斗力。

1905 年 3 月间，32 万俄军集结奉天准备反攻，25 万日军却抢先采取攻势。日方以 7 万人伤亡，杀伤俄军 6 万人，双方起初打成僵局。这时日本第三军从抚顺方向迂回，指挥系统不通畅的俄军又因害怕被围而败退，途中 2 万人被俘。伤亡很大的日军也无力远追，双方在四平一带形成僵持。这年夏天西伯利亚铁路终于通车，俄军将满洲军增加到 70 万人，超过当时日军一倍，仍想再战。

▲

俄国所绘的本国军队向日军反击相互厮杀的油画。

波罗的海舰队的覆没，却决定了战争结局。5 月 27 日至 28 日，有 23 万吨位的日本联合舰队在对马海峡迎击已远航上万海里的俄国舰队（有 21 万吨位）。日俄海军火力基本相当，俄舰却因远航太久船底已长满附着物航速降至 9 海里（只及日舰一半），水兵也疲惫沮丧不堪。日本的英制战列舰的性能，也高于俄国用法国技术和部件制造的战舰。在养精蓄锐的日本海军白天炮轰、夜间鱼雷袭击的打击下，俄舰除了 2 艘逃到海参崴、3 艘逃到菲律宾外，其余 19 艘沉没、5 艘被俘。官兵战死 5000 人、被俘 6000 余人。至此，俄国海

▲
描绘波罗的海舰队遭受日军鱼雷艇攻击的宣传画，右上角为东乡平八郎。

军主力舰大都沉没或被俘，逃到中立国的"阿芙乐尔"号巡洋舰等也被解除武装。

海军舰队覆没后，重建速度远远慢于陆军，造船和培训水手几年内都难以完成。俄国对日本虽一直有财力和陆上兵力优势，海权的丧失却使俄太平洋数千公里海岸失去保护。7月间日本分舰队夺占库页岛，表明从堪察加半岛至海参崴的数千公里海岸都有被夺占的危险。此时俄国国内已发生革命，唯一幸存的黑海舰队还爆发了起义，一些地区还建立了苏维埃政权，沙皇只得寻求媾和。对于罗曼诺夫王朝而言，对日妥协不过是吐出从中国掠来的土地，革命对皇室却是致命的。

两个强盗无力再战，拿他国领土做交易

日本经过一年半的对俄战争，陆海作战中都获得胜利。此战却消耗了 17 亿日元，政府动用两年财政收入并向国内发公债才解决了 9 亿日元，8 亿多日元的缺口全靠美英贷款弥补。1905 年夏天，美英鉴于削弱沙俄的目的达到，就不肯再对日借贷而要求其议和。

美国总统西奥多·罗斯福在对马海战结束后，最早预感到日本

的威胁，并对战果惊叹说："这不是海战，而是一场海上屠杀！"

想在太平洋上称霸的白宫主人，就此认为不应再削弱俄国，应利用

它制约日本，便出面调解日俄之战。

英国此时在欧洲遇到德国威胁，需要拉拢俄国人参加反德同盟，

也希望日俄战事停止。所以在俄国失败后就开始改变几十年的反俄

态度，随后还提供了10亿卢布贷款帮助沙皇政权维持稳定和重建海

军，1907年又达成了英法俄三国同盟以对付德国。

日本因军费接续不上，前线弹药和粮食都难以维持，也想就此

停战。1905年9月，日俄在美国朴茨茅斯港谈判。起初日本拿出甲

▲
描绘对马海战的油
画。

这幅漫画表现了美国总统西奥多·罗斯福通过斡旋使日俄在远东形成力量平衡，他的外交努力使他赢得 1906 年的诺贝尔和平奖。

午战争时对中国讹诈的故技，要求俄国赔偿 20 亿日元，声称如此才能停战并退还库页岛北部。沙俄却已明知日本的虚实并破译了其外交密码，谈判代表维特转达了沙皇的回答——"一个戈比也不给，不行就再打！"

双方其实都不能再打，便拿中国土地和朝鲜做了交易。《朴茨茅斯条约》规定，朝鲜由日本"自由处置"，旅顺、大连和南满铁路划归日本，俄国势力退到北满，并把库页岛南部划给日本（日军撤出岛北部）。和约规定两国同时从中国东北撤兵（日占旅顺、大连除外），由中国方面恢复在当地的管辖权，却还留下一个伏笔即规定日俄双方可以在南、北满铁路沿线留下"护路兵"，每公里的限额是 15 人。

1905 年 1 月旅顺俄军向日军投降时，双方将领合影。

日俄双方签约后，分别同中国清政府签订了接收条约。日军后撤时，在长春至大连的南满铁路线上留下 1 个师团以"护路"为名长期驻留，后来还命名为"关东军"，这又留下发动九一八事变的伏笔。

▲

朴茨茅斯和谈会场上两国代表在一起的历史照片。

在日俄战争中，日本只能算"惨胜"，在"赌国运"中总算成为赢家。日军战死（包括负伤而死）5.56 万人，加上患病和其他原因死亡者，在靖国神社中留下 8.8 万个灵牌。另有 15.3 万人负伤，以及 1800 名官兵被俄军俘虏。

俄军在战争中战死 3.4 万人，加上伤病而死共死亡 5.6 万人，又有 14.6 万人负伤，被俘 7.9 万人。从这个数字可看出，俄国陆军伤亡比日军还少，说明作战水平并不低于对手。其被俘人数多，主要是集体投降造成，恰恰反映出俄军战斗意志薄弱。

在这场帝国主义分赃战争中，民族压迫和阶级压迫表现得极为明显。旅顺降约刚签订，两军将领就在水师营合影，还相互宴请，俨然和解成为朋友。旅顺俄国守军投降的条件是军官可以带私人财物（包括日本人以不破坏武器和设备为条件所给的贿金）返国，士兵却要作为俘虏去日本服苦役。如此腐败的上层，难怪会激起俄国人民的革命。

日本以小击大打败了庞大的"熊俄"，根本原因还是官兵的斗志比俄军强。不过这种斗志并不是从卫国卫民的正义感激发，而是由扩张强国的邪恶理念驱动，以这种理念冒险成功会导致整个日本社会都被其绑架，民族扩张主义思潮又成了对外实施侵略政策的社会基础。

令中国人感到可悲的是，日俄两国以中国领土为战场，清政府却不敢得罪任何一方，开战之初便宣布"中立"。日俄两军任意抓中国人当劳工，强征当地财物，清朝地方官更无力制止，日俄议定的分赃决定又强迫清廷承认，真是"弱国无外交"的可悲体现。当时中国知识分子赴日本留学成为一种社会风潮，这批青年到东洋接触到新思想，开始还对日军胜利而高兴。得知日军在华的暴行，中国学生才感到日俄是一丘之貉。当时在日本学医的鲁迅，便是从纪录片中看到日军处斩据说是为俄军充当间谍的中国人的镜头，受到极大刺激，从此下决心弃医从文唤起民众。

对日俄战争最早做出深刻分析的，是1903年创建了俄国社会民主工党多数派（俄语为"布尔什维克"）的列宁。1905 年 1 月，他发表著名的《旅顺口的陷落》一文指出："这场战争已变成新旧资产阶级世界之间的战争。不是俄国人民，而是专制制度遭到了可耻的失败。俄国人民从专制制度的失败当中得到了好处。"

在列宁看来，此时的俄国、日本都是非正义的。按中国民间俗语讲，这就是"狗咬狗，一嘴毛"。不过列宁认为本国军队打败仗是好事。后来的事实证明，沙俄的失败对俄国人民、对中国人民真是大好事。沉溺于扩张的沙皇政权出现败绩，才使其威信扫地，从而引发了 1905 年俄国革命，并为 1917 年的十月革命奠定了基础，由此又影响了中国革命。

Le Petit Journal

SUPPLÉMENT ILLUSTRÉ

DIMANCHE 23 AVRIL 1905

CRUELLES REPRÉSAILLES DES JAPONAIS EN MANDCHOURIE
Exécution de fonctionnaires chinois accusés de sympathie pour les Russes

▲
法国画刊所绘日军在东北以"俄国奸细"之名砍杀中国百姓。

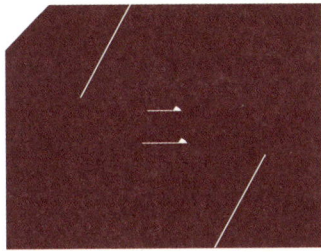

日军干涉苏俄，出兵西伯利亚

1905 年日本在对俄战争中以小搏大获胜，大大刺激了对外扩张的野心。战争刚一结束，卸任首相伊藤博文就找到时任首相桂太郎说："下一个敌人，该是英美了！"日本扩张的势头不可遏制，必然要走向发动太平洋战争。一向靠对外扩张强国的沙俄战败，国内矛盾马上激化，接着在参加第一次世界大战后出现崩溃。1917 年十月革命后，苏维埃俄国政权建立，日本马上参加协约国对苏俄政权进行武装干涉，并进占了远东许多地区，苏联也就此将日本视为东方最大的敌人。

日俄战争时日军各部受领军旗时的狂热之态。

日俄妥协分赃，一度结盟对德作战

日俄战争结束后，日本耗费了 17 亿日元，这相当于七年政府财政收入，又没有得到一点赔款，对美国和英国欠下的巨额债务（利息还很高）差不多十年才还清，为此不得不裁减军队和发展经济。看到俄国海军至少需一代人以上才能恢复，日本在 1907 年制定了新的战略方针，陆军在北方继续监视防范俄国，海军则以美国为假想敌，扩张方向指向中国和南洋。

　　沙皇俄国按照列宁所加的前置词,是一个"封建的""军事的"帝国主义国家,在列强中虽貌似庞然大物,却是专制落后和腐败丛生。俄国的 1.3 亿人口中,俄罗斯族只占一半,其余为 100 多个少数民族,国家内部矛盾严重。沙俄对日战争中出现的失败,让其腐朽性暴露无遗。在 1905 年的俄国革命中,暴动民众建立起工人、士兵代表会议,按俄语音译为"苏维埃",后来还成为国家的名称。同年 12 月,莫斯科爆发了大规模武装起义,虽遭镇压却震动全国,沙皇尼古拉二世的统治自此出现动摇。

　　1906 年以后,沙皇任用首相斯托雷平实行改革,建立了"杜马"这一近似议会的机构(权力却远远不及),实行了一些社会福利以缓和矛盾。不过这个"斯托雷平改革"没有解决沙皇专制的根本性弊病,与同期清王朝实行"立宪"那种无效的政权修补很相似。

　　在远东受挫后,俄国在同法国结盟的基础上,又进一步同英国结盟,想以此对抗德国,并将扩张矛头指向土耳其,企图实现夺取东正教圣地君士坦丁堡（土耳其称伊斯坦布尔）的几百年夙愿。为此，沙俄决定以维持在中国北满和外蒙古的利益为满足，同日本实现缓和。

日俄两国因都有和缓需要，不久就开始进行划分势力范围的谈判。日俄战争后日本占领了朝鲜，并以《日韩保护条约》实行全面控制。有爱国的朝鲜人于1907年发起了武装抗日的"义兵运动"，有几万人参加，并以靠近中俄边界的北部山区为后方。日本当局担心俄国支持"义兵"这些武装团体，遂以利益交换同俄进行谈判。在1907年、1910年、1912年和1916年两国签订了四次密约。其内容都是拿中国领土权益做交易，规定日俄以长春为界，将南满、北满各自作为自己的势力范围，外蒙古为俄国、内蒙古为日本的势力范围。俄国又承认不干涉日本控制朝鲜。

日俄进行分赃谈判时，发生了日本的"朝鲜统监"伊藤博文遇刺事件。1909年10月26日，明治维新的元老伊藤博文到达哈尔滨准备同俄方会晤，在车站被参加过"义兵运动"的朝鲜义士安重根开枪刺杀。此前日本派去任"朝鲜统监"的伊藤博文成了李氏王朝的"太上皇"。此人还主张保留"大韩帝国"皇室作为傀儡，将其作为"保护国"即可。刺杀发生后，恼羞成怒的日本上层叫嚷要彻底亡朝之国才能泯灭反抗，于是在1910年宣布实行"日韩合并"，将李氏皇室并

▼
描绘朝鲜义士安重根在哈尔滨车站刺杀伊藤博文的油画。

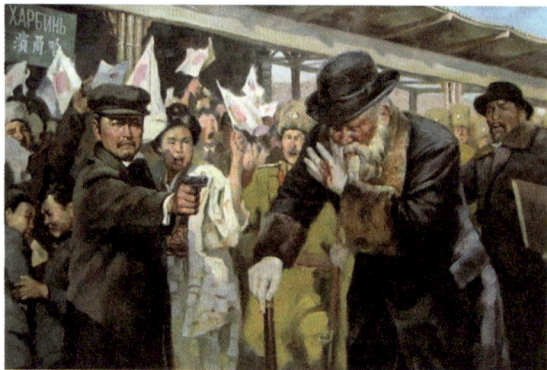

表现 1907 年兴起
的朝鲜抗日义兵运
动的油画。

入日本皇室而降格为王，朝鲜国民改为日本籍而实际成为殖民地之
民。

　　日本吞并朝鲜，俄国已表示谅解，美英法德等国因自己也有殖
民征服史也未加指责。众多不愿做亡国奴的朝鲜人却坚持反抗，近
百万人流亡他国，其中多数到中国东北，也有部分人到俄国远东和
美国夏威夷。在上海和海参崴，流亡者还建立了抗日组织，后来还
成立了"大韩民国临时政府"，俄方
出于长远考虑对进入本国的流亡组
织还给予秘密庇护。

　　1914 年 8 月，俄国和日本都向
德国宣战，在第一次世界大战中成
了协约国的盟友。日本却另怀鬼胎，
不向欧洲战场派一兵一卒，而是出兵
攻占德国在远东的"租借地"青岛，

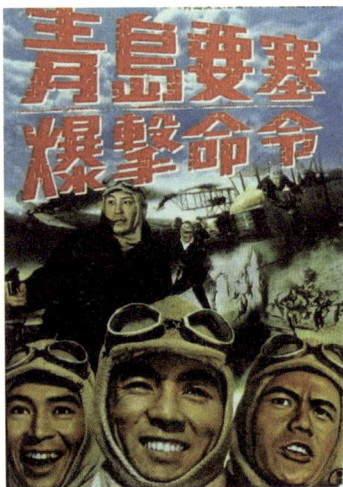

宣传 1914 年日军
攻德军时轰炸青岛
要塞的电影海报。

还把胶济铁路据为己有,派舰队占领德属的太平洋岛屿。1915年5月,日本政府又认为欧洲列强无暇东顾,向袁世凯政府提供旨在控制全中国的"二十一条",并以炫耀兵威相逼。主张在华"门户开放",想发挥商业优势的美国却坚决反对,美日海军又以对方为目标展开造舰竞赛。

俄国对德国开战后,1915年出现大败,损失兵员200万人(其中被俘100多万)。俄军为挽救局面,将军队总数扩大到1000万人,其战前拥有的步枪却只有400万支,战后的生产还弥补不上损失,便利用英法的贷款向英国、日本采购武器。1916年日本将日俄战争中俘获和打捞起的几艘只当作训练用的旧舰卖给其原来的主人,却以"打捞维修费用"为由索要了相当原造价大半的费用。

日本向俄国又出售了几十万支三八式步枪,单价60日元虽不高,每支枪却只附售200发子弹。俄国采购军官马上指出,这么少的子弹只够一两次激战所用,按国际惯例至少应附售1000发。日方却故意称子弹生产量有限,如用完后再陆续出售,其实就是想以此"卡脖子"。十月革命后,三八式步枪子弹来源果然中断,苏联只得将其绝大部分报废回炉,只留少量枪支和打扫出仅剩的子弹用于支援中国,如黄埔军校所得到的苏援步枪就是三八式。

1917年3月初,俄国发生的二月革命迫使沙皇逊位,新成立的共和性质的临时政府仍留在协约国内。同年11月7日,十月革命爆发建立了俄罗斯联邦苏维埃社会主义共和国,新政权宣布退出帝国主义战争。1918年1月,包括日本政府在内的协约国宣布不承认苏维埃政府，从彼得格勒撤出大使馆。

十月革命后，在远东的布尔什维克在海参崴、伯力几个主要城市建立苏维埃政权，却未得到当地旧俄驻军支持而非常脆弱。俄国控制的从满洲里经哈尔滨至绥芬河的中东铁路上，虽有布尔什维克想夺取铁路控制权，当地旧官员和驻军却仍站在旧俄势力的立场上，拒绝服从苏维埃政权。1918年3月，面对德国军队的进攻，新生的苏维埃政权只有几万人的刚成立的工农红军，被迫签订了屈辱的《布列斯特和约》，同意割让土地、承认乌克兰等地独立并对德赔款，换得暂时的喘息之机。此时俄国反共的旧势力纷纷叛乱，包括远东主要城市在内的苏维埃地方政权都被推翻，苏俄政权丧失了占人口一大半的国内区域的控制。看到这种混乱形势，日本感到有机可乘，并准备派兵出征。

▲

1917 年 11 月，十月革命建立了以列宁为首的苏俄政权。这个政权宣布退出世界大战，并废除沙俄对外掠夺性条约。

◀

十月革命后建立的红军的形象。

日本想劫走末代沙皇，出兵占领俄远东地区

1918年上半年，俄国各地的白卫军在国内四处发起叛乱，分为难以计数的许多股，多数想恢复沙皇统治，也有些想建立共和制，处于群龙无首、各不相统的混乱状态。

《布列斯特和约》签订后，英法美日意等协约国就指责苏俄违反沙俄不单独媾和的承诺，宣布支持重建俄国政府并恢复对德作战。从1918年4月开始，英军开进俄国北部港口，日军则拉上英法美意等国和中国的北洋政府，一起宣布出兵俄远东港口海参崴。此时日本在干涉军中特别积极，还制定了一个"抢救沙皇计划"。

末代沙皇尼古拉二世一家的肖像画。

俄国二月革命后，退位的末代沙皇尼古拉二世就被送到欧亚之交的乌拉尔，处于软禁状态。苏维埃政权成立后，将他一家移居乌拉尔主要城市叶卡捷琳堡，加强了看管，却还保留家庭佣人、厨师和医生。这个逊帝不仅被国内保皇派盯上，曾是俄皇死敌的日本当局也指示军部设法"营救"。

1918年5月，日本制定了"防共"和干涉苏俄的计划，大正天皇（明治天皇之子）还故意提起尼古拉二世被本国警察砍过一刀的旧事，说什么"过去毕竟是我们对不起人家"，指示要采取行动表达"歉疚"。大战期间，日本以对俄出售武器和其他物资之名，在远东、西伯利亚和乌拉尔都建立了商贸机构，也安排了大量谍报人员。协约国从彼得格勒撤走外交机构时，日本在叶卡捷琳堡的商贸团却并未一同撤离，在不进行贸易时就是谍报站，负责人为黑木亲庆少佐。这个商贸团的小楼距沙皇一家关押地不远，所以对沙皇一家的详细情况也应该有一定了解。

6月间，以捷克军团在西伯利亚铁路上叛乱为开端，整个乌拉尔以东都被暴动的反共白军控制。他们一部向关押沙皇一家的叶卡捷琳堡推进，一部向储存有旧俄国库一半黄金的喀山推进。据日本投降后解密的材料记述，7月初黑木少佐制定好了"抢救"计划，即用卡车开到软禁地，通过内线买通或制服看守，将沙皇一家接出运到商贸团所驻的小楼，由日侨和白俄严密保卫，待白卫军到达后再送到远东，让其复辟登基。日本政府还提出一个计划，想将沙皇一家接到东京，住进原俄国驻日大使馆内，从那里遥控指挥国内的反共力量。

过去沙皇政权与日本政府进行过战争，此时日本表现出的这种"善意"，自然是别有用心。从计划内容就可看出是利用这个俄国废帝充当自己掌控伪政权的傀儡，与后来在中国利用溥仪的手法完全相同。

"抢救沙皇计划"还未来得及实施，7月16日乌拉尔苏维埃政权的"契卡"（肃反委员会）人员就将尼古拉二世全家秘密枪决。此事后来被不少人指责为残酷，不过从某种意义上看也是当时险恶的历史环境造成。苏俄政权起初对逊位的沙皇只是软禁了大半年，并未想对他和家人痛下杀手。白卫军逼近乌拉尔的囚禁地想抢到这个末代沙皇，若让其得逞，就可能凝聚起全俄群龙无首的各派反苏势力。当时任何皇室成员落到他们手中，也都会成为旗帜性人物，

▼
表现沙皇一家被处决情景的画作。

尼古拉二世就此落得个被灭门的悲惨下场。

白卫军在沙皇一家被杀几天后，就攻占了叶卡捷琳堡，经寻找已是活不见人、死不见尸（至苏联解体后尸体埋葬地才被找到）。白卫军攻占喀山时，红军撤走前只将库存的黄金100吨运到莫斯科，未来得及运走的500多吨被劫走，并运到东部的白卫政权首府鄂木斯克。旧俄海军上将高尔察克政权有了资金，再加上日本等国支持，就此建立了一个号称代表全俄的政权。

白卫政权名义上的最高统领高尔察克的肖像画。

此时日本为增强干涉苏俄的力量，动员了现役军队和预备役军人，组建了"海参崴派遣军"司令部，并于1918年8月2日发表出兵宣言，口号是"救露（俄）讨独（德）"。不过他们援助的俄国可不是苏维埃政权，而是设在鄂木斯克的高尔察克政权。

1918年日本宣布出兵俄国远东时的宣传画，口号是"救露（俄）讨独（德）"，还描绘出日军上岸后受欢迎的场面。

这一年4月间，协约国共同出兵俄国远东时，商定只占领海参崴等主要港口，美、日各派7000人的部队，英国在远东没有多少军队而只派2000余人的印度部队，中国的北洋政府象征性地派了一个团。8月间日本宣布出兵时，却调动了第3、第7、第12师团，加配属部队共7万人。其中的第3、第7师团先从南满北上控制哈尔滨，收降了当地旧俄军，再分两路，一路西进满洲里再沿中东铁路线直指俄国西伯利亚的赤塔，一路东进海参崴。第12师团直接从海参崴登陆，沿乌苏里铁路线向北进占伯力（哈巴罗夫斯克）。另外，日本海军还北上进占黑龙江口，同陆军配合几乎控制了整个远东滨海地区。

▲
日军进入海参崴的历史照片。

▲
日本表现出兵西伯利亚并将当地一些旧俄武装缴械的画作。

此时远东旧俄军队大多已自行解散，少数留存者也归高尔察克等白卫军指挥，同日军合作。据苏联后来的资料称，红军在远东只有非正规军即游击性质的武装2.5万人，表示服从苏维埃的一些旧军队在政治上也不可靠。9月5日，日军先头部队夺得由伯力开出的俄

国军用火车，车上装满炸药准
备破坏铁路桥梁，日军马上搭
乘该军列闯入伯力。当时城内
守备部队约 1 万人，却归属不
一，不能统一指挥，在日军突
袭下出现混乱，大多逃散。日
军轻易地占领伯力，缴获大量

俄国十月革命后大
批白俄流窜到旧俄
控制的中东铁路地
域。

枪支弹药和作战物资，随之用缴获的火车并辅以从黑龙江口开来的
军舰从铁路、水路向海兰泡发动了新攻势，又将该地占领。

日军在占领俄境城市后，都扶植白卫势力建立伪政权，并让其
名义上听命于鄂木斯克的高尔察克政府。1918 年 11 月，高尔察克在
得到英、法、美承认和日本支持后，宣布就任俄国政府的"最高执政者"
和俄国陆海军武装力量"最高统帅"。这个政权随后在名义上得到
南俄白卫军头目邓尼金、西北白卫军尤登尼奇等人的承认，实际上
并不听从他的指挥，各支白卫军也不能配合作战。在俄国东部地区，
许多白卫军也是各自为战。如旧俄中将谢苗诺夫在赤塔建立了一个
"外贝加尔地方临时政府"，直接求得当地日军的支持，并不听命
于鄂木斯克政权。高尔察克开始也拒绝承认谢苗诺夫的政权，后来
被迫任命他为"赤塔军区总司令"。

白卫政权内部的混乱和不统一，给了红军以各个击破的机会。
1919 年春，高尔察克的部队从东部向莫斯科孤军进攻，被红军集中
力量击溃。同年秋天，红军又转移主力南下击溃了邓尼金部，以一

▲
在远东的高尔察克
白卫军铁甲车的照
片。

小部东进于11月占领鄂木斯克。

高尔察克率领几十万部队和随军家属，以及逃避红军的流亡者，包括主教、僧侣及修女等，横穿6000多公里的西伯利亚逃往太平洋沿岸，想寻求日本的支持东山再起。这一年冬季气温极冷，列车缺乏燃料加上铁路线多处遭破坏，逃亡大军只得在凛冽的寒风中步行或乘雪橇、骑马向东进发，大多数人横尸路边，不少人死在贝加尔湖的冰上。

▼
表现远东俄国白卫军形象的画作，这些人失败后大多退入中国境内，居住哈尔滨等地。

▼
表现红军同白卫军激战的油画。

逃到贝加尔湖边的伊尔库茨克城的高尔察克，被当地捷克军团截住。这些人同红军做了交易，以允许离境回国为条件，交出了这个白卫军最高首领。1920年2月7日清晨，"契卡"人员将高尔察克叫醒并通知要处决，据说此人只说了一句："怎么没有审判啊？"高尔察克被带到安加拉河的一个冰窟前，只被满足了最后一个愿望——抽根香烟。随后枪声即响，他的尸体被抛入冰窟，这位有名的北极考察家、海军上将最终死在了一片冰天雪地之中。

尽管那位白卫军首领死亡，"高尔察克黄金"却成了百年之谜。此人劫到500吨国库黄金，在占领地又纵兵抢掠犹太人和民间商家，据说所获财宝不少，却因吝啬而很少给部属下发黄金。他从鄂木斯克东撤时携带着那批黄金，到贝加尔湖边因大风雪导致队伍溃散时就不知所终。一种说法是沉入湖中，直至21世纪初俄罗斯还组织了湖底勘察。一种说法是在赤塔被日军截下而被关东军私吞，这笔当时折合6亿日元的财富成了侵略者的重要活动基金。一种说法是运到海参崴而被日本政府得到，声称"暂时保存"而在将来交给俄国的"合法政府"。

直到2009年，俄罗斯联邦的官员针对日本索要"北方四岛"，又重提"高尔察克黄金"的旧账，认为还在日方手中而要求归还这些旧俄国库财产。日本政府坚决否认拿到过那笔黄金，也许这一历史之谜将始终无法揭开。

红军采取游击战术，日军最终被迫撤兵

日本进占俄国远东和东西伯利亚后，官兵野蛮凶横，军纪败坏，一部分官兵因染上性病被送回国治疗而失去战斗力。日本当局后来总结此事教训，竟得出一个经验是要建立"慰安妇"制度。

1920 年春季以前，苏俄红军主力还在贝加尔湖以西，在远东地区主要组织游击队同日军作战，后来苏联著名的小说《毁灭》（20 世纪 30 年代以后曾在中国流行）讲述的就是在那里同日本人和白卫军作战的故事。

日本人不习惯俄国的严寒，据统计冻伤减员同性病减员数量基本相当。红军游击队恰恰适应当地气候，选择雪地袭击日军或设置埋伏。1919 年 2 月，阿穆尔州（即黑龙江边）一带气温降到零下 40 摄氏度，积雪厚达半米多，游击队就利用这一条件，对外出的日军田中大队设伏。战斗开始时，日军乘坐的雪橇全部由抓到的俄国人所驾，枪响后这些人都趁机跑掉，日军失去机动能力，成为雪中射击的靶子，逃窜入森林者也

▶ 苏联表现远东游击队活动的小说《毁灭》的中文译本。

被冻死，此战日本官兵死亡达 310 人，是出兵后损失最重的一仗。

日军在守备阶段内，进行了三次规模较大的讨伐清剿活动。1919 年 2 月至 3 月进行了阿穆尔州方面的清剿，同年 7 月至 8 月对以滨海州乌苏里斯克附近地区为根据地的游击队进行清剿，因兵力不足，又从国内调来第 5、第 14、第 16 师团。

同年 10 月，日军在额尔古纳河（黑龙江上游西部）联合白卫军谢苗诺夫部，对当地游击队进行了清剿作战。

1920 年春天，苏俄红军进入贝加尔湖以东，同日军直接形成对峙。此时因苏波（兰）战争爆发，以列宁为首的中央政府为避免直接对日开战，决定建立一个缓冲地带。4 月 6 日，一个名为"远东共和国"的表面上独立的政权成立，宣布下辖原俄国远东地区的 300 多万平方公里土地，其实这只是苏俄政权控制的一个地方政权，进入这里的红军名义上也归其指挥。

此时因第一次世界大战结束，协约国已不存在，美英法等国见苏俄政权已巩固，高尔察克等白卫军覆没，干涉已无意义只好撤军。1920 年 4 月，美军也从海参崴撤走，仅剩下日本军队仍留当地，却从赤塔向东收缩防地。

红军主力避免与日交战时，游击队仍不断同日军进行战斗。1920 年 5 月 27 日，在庙街城（尼古拉耶夫斯克）发生了红军游击队攻击日军驻守的当地领事馆的战斗，中国驻当地的海军也牵涉其中。

▲
指挥"远东共和国"军队的布留赫尔，他于北伐时到中国当顾问被称为"加伦将军"。

率领中国江防舰队的陈世英（陈季良）照片。

此前的 1919 年夏天，北洋政府因黑龙江一带出现战乱，决定组建吉黑江防舰队，舰只从驻扎在上海的第二舰队抽调。此时能调出的是三艘内河炮舰，同行的还有一条运输舰和一条拖船，最大的"江亨号"也只有排水量 550 吨，舰长为陈世英。舰队到海参崴稍事休整后北行，穿过鞑靼海峡进入黑龙江口抵达庙街，想在秋天封冻前上溯驶到哈尔滨，却因日军和高尔察克政府的军队封锁江面被迫留在庙街过冬。舰队官兵得到当地华侨支援，生活才得到保障，同红军游击队相处也不错，只是对当地日军存有敌对情绪。

1920 年 5 月，红军游击队向庙街日军发起攻击，因敌据守领事馆和邮局的坚固楼房，没有火炮无法攻下。游击队前往中国舰队找陈世英借炮，陈马上召集各舰长商议。此时中国海军都属闽系，为北洋水师的后人，因甲午之仇都对日军恨之入骨，舰长们马上同声表示同意！陈世英便借出了"江亨"舰的 75 毫米口径炮并附 6 发炮弹，还借出"利川"舰上的格林机关炮并附 3 排 16 发炮弹，同时教授了游击队使用方法。

5 月 27 日，红军游击队用中国火炮炸开了日本领事馆和邮局，然后冲入全歼第 14 师团的守兵。不过游击队中也有不良分子（据说是一批无政府主义成员）将楼内躲藏的日本家属连同俘虏一起杀光，事后还放火烧毁领事馆。据日本政府称，其军民死亡共 384 人，称其为"尼港事件"。

日本所拍的"尼港事件"（庙街事件）中被焚毁的日本领事馆照片。

红军游击队攻占庙街后，将所借之炮马上归还中国舰队，不过日军多门二郎大佐（此人后来是率兵发动九一八事变时的在满日军师团长）所率支队在 20 余艘舰只配合下反扑，于 6 月 2 日重占该城。虽然城中日本人全部毙命，不过日军从他国侨民和反共的俄国人那里大致了解到战斗过程，并找到死去的日本兵笔记和炮弹弹壳，判定中国舰队借炮助攻。日本人打着为"尼港事件"报仇的名义，劫持了几艘俄国船和一艘中国民船，将船上几十名中俄平民杀害。日本海军还包围中国舰队，以炮口相对，扬言要"惩凶"。

面对险恶局面，陈世英舰长一面向前来"调查"和威胁的日军代表坚决否认借炮一事，一面让官兵在甲板上擦拭炮弹，摆出准备一战的姿态。他还向官兵说明，尽管力量相差悬殊，遇攻击也必须死战到底。舰队被日军围困数月，又靠当地华侨接济才得以生存。此时日本当局考虑到中国正值五四运动后抵制日货情绪高涨，如再攻击黑龙江舰队势必激起更大抗日浪潮，美国也有可能借机发难，还可能促使中国亲苏。日军最终没有动武，其政府却向北洋政府交涉，逼迫中方给予"补偿"。

日本政府向北京政府提出的四项要求是：（一）由驻日公使向日本政府道歉；（二）由驻庙街的中国海军向日本总司令道歉；（三）严加惩处对此事负有责任的中国人；（四）向死亡日军的家属支付抚恤金。软弱无能的北洋政府害怕引起战端，竟全部答应了这些条件，并给予"江亨"舰长陈世英撤职处分，日军随后才解除了封锁。

1920年秋天，陈世英率舰队到达了哈尔滨。此行历尽困苦艰难，在"庙街事件"中又表现出了凛然气节，受到海军同仁钦佩。海军部其实没有执行北京政府的决定，让陈世英改名陈季良继续任职，后来他任舰队司令时还指挥过抗战时的江阴阻塞战。

为报复"尼港事件"，1920年7月3日日本政府发表声明，宣称决定出兵占领俄国库页岛北部。这个孤悬在海外的岛上并无苏俄军队，只有少数旧俄官员和武装力量，日本派出一个加强旅团后未遇抵抗就将该地占领。

日军为对抗苏俄及其建立的"远东共和国"，又加强了对谢苗诺夫等盘踞滨河地区的白卫军的支持，同时还提供金钱支持温琴匪部进攻外蒙古。

外蒙古早被沙俄视为势力范围，当地王公、活佛也受其拉拢，在 1912 年清帝退位时乘机宣布独立。沙俄崩溃后，1919 年夏天北洋系统的西北筹边使徐树铮率兵北上库伦（今乌兰巴托），让当地的王公、活佛取消"自治"而重归北京政府管辖。因国内军阀混战，徐树铮很快返回北京，在当地只留少数部队。原为沙俄男爵的温琴上尉此前在外蒙古驻扎过，得到谢苗诺夫伪政权的"亚洲骑兵师"师长的任命后，就率由白俄和俄境内布里亚特蒙古人组成的队伍，在 1920 年 8 月进军外蒙古，驱逐了驻扎在库伦的中国驻军。

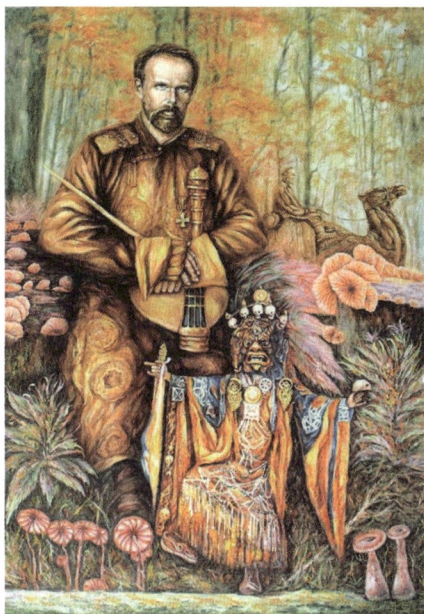

▲
温琴是波罗的海贵族，在沙皇军队中曾与日军交过手。1920 年，他又在日本支持下率白俄武装窜入外蒙古建立政权。

温琴窜入外蒙古后，与当地王公勾结，还穿上蒙式黄丝长袍，迎娶了王公博格多格根的女儿，就以"成吉思汗再生"自居，并将

◄
日本支持的温琴组织白俄武装进占外蒙古，还号称"成吉思汗再生"，1921 年被苏俄红军打垮并抓获处决。

手下战将纷纷授予蒙古亲王头衔。温琴还大肆杀戮犹太人和中国客商，劫掠财物以充军费。

1921 年 7 月，温琴率 1 万余骑兵向苏俄边疆贝加尔湖一带进攻，以配合远东日军和谢苗诺夫伪军。苏俄红军在外蒙古的乔巴山等人建立的人民党配合下，一举打垮了温琴部，并跟踪追入外蒙古。温琴的岳父王公怕受牵连，把这个女婿交出，被苏方押到新西伯利亚审判处决。苏俄红军进入外蒙古后，支持乔巴山等人建立政权并留下驻军。1924 年中苏签订解决悬案问题大纲时，苏联承认外蒙古是中国领土，同年又成立蒙古人民共和国并以顾问指导。1945 年国民党政府请求苏联出兵东北时，作为交换条件同意了外蒙古独立。

"远东共和国"成立后，当地的原苏俄红军第 5 军改称"人民革命军"，在 1921 年由红军名将布留赫尔任总司令兼共和国陆军部长。此时伯力以南由日军和俄国白卫军混驻，布留赫尔便实行暂避日军、专打白军的方针，先击溃谢苗诺夫等部，于 1922 年 2 月夺占伯力，接着向南推进，于 5 月间歼灭了白卫军主力，其残部大都逃入中国境内。当时的哈尔滨成了白俄聚居地，俄籍人口一度高达 20 余万。

看到白卫政权难支撑，日军再留驻远东没有太大作用。1922 年 6 月 24 日，日本政府发表声明，以"护侨"任务完成为名，宣布将在 10 月撤兵。同年 10 月 25 日，日军第 8 师团从海参崴（符拉迪沃斯托克）离港，历时四年的出兵西伯利亚就此结束。据日本政府统计，此次行动先后出动了十个师团的全部或部分兵力，在靖国神社中留

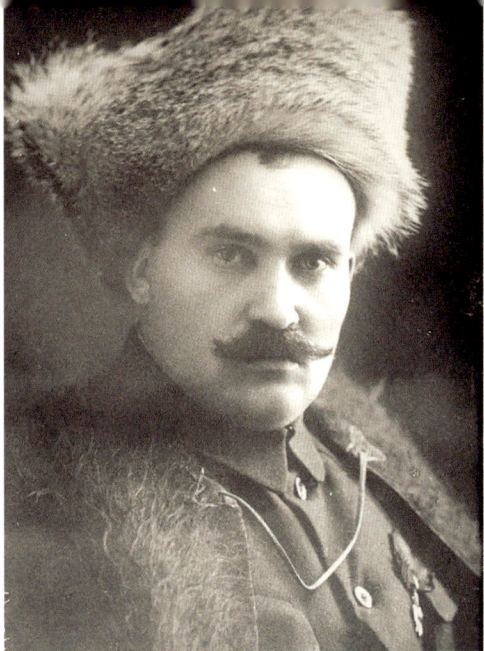

◀
日本支持远东白卫军首领谢
苗诺夫，此人后来又在东北
成为白俄首领。

下4000多个灵牌，花费了9亿日元，结果一无所获，此举还成了国内许多人指责的目标。

1924年，苏联经济基本恢复到第一次世界大战前的水平，有实力再向日本索还库页岛北部。此前一年日本刚经历关东大地震，东京、横滨几乎尽毁，死亡15万人，财产损失近90亿日元，国家元气大伤需几年复原。在1925年苏日的大连会议上，苏方对"尼港事件"表示了"遗憾"，双方同意惩处杀害对方平民的责任人（日本只象征性地审判了一些杀人劫船的暴徒），最后议定恢复日俄战争后"朴茨茅斯协议"，苏联收回库页岛北部，北满铁路沿线的日军撤回到长春以南。至于沙俄在北满铁路的驻军权，苏俄政府此前已在对华声明中放弃，对中东铁路也放弃一半权利而在1924年以后改为中苏共管。

大连会议结束后，苏联红军一部分渡海进驻库页岛北部接管，日军撤到岛南部。对中东铁路上的旧俄军队和大量流亡者，苏联动员其返境，多数不愿回归者则被视为反革命势力。这批在满洲的白俄军事人员大量被军阀张作霖、张宗昌收编用于内战，也有不少人受日本豢养作为反苏预备力量。如谢苗诺夫还长期担任"难民领袖"，日方每月付给他 1000 日元生活费（这相当于日本将军工资的 3 倍）。据当年日本国会一些人抱怨，有些年份要花上千万日元开支供养大批白俄，不过也有人称这笔钱是由"高尔察克黄金"支付。

日本出兵干涉苏俄的行动，在俄罗斯人心中被认为是本国的奇耻大辱，上下都积下复仇的意愿。苏联在内战结束后，在西面确定的主要假设敌是波兰，在东面预想的作战对象就是日本。

三

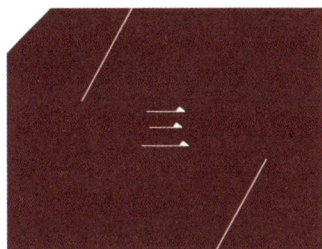

苏联在日军侵占中国东北后
援助中国抗战

ДАДИМ СОВЕТСКОЙ СТРАНЕ
150.000 ЛЕТЧИКОВ!

▲
苏联 1937 年表现
培训飞行员准备参
战的宣传画。这一
年苏军便参加了中
国上空的空战。

1922 年 10 月，日军从海参崴撤军，苏日之间虽仍是死敌，却出现过一段关系缓和时期。苏联集中力量重整残破的国家并振兴经济，日本则在关东大地震后为重建首都实行"大正裁军"以减少军费。1931 年日军发动九一八事变侵占中国东北后，同苏联形成了几千公里边界上的陆地军事对峙。为对抗日本的威胁，斯大林决定力促中国的国共合作，苏军在远东边界附近对东北抗日联军给予了庇护和少量援助，并在 1937 年以后派出空军以"志愿航空队"名义赴华参战，苏日两军的空战就在中华蓝天上展开。

苏联大力建设工业，陆军和航空兵实力超过日本

苏俄三年内战结束后，国家经济已崩溃，从 1914 年俄国参加第一次世界大战直至 1921 年春内战结束，估计有 2000 万人因战乱、饥荒和疫病死亡。1921 年出现的大歉收和疾病横行，就导致 300 余万人死于斑疹伤寒，还有数百万人饿死。连莫斯科的最高苏维埃机构内的食物供应也不足，竟发生过粮食人民委员（即粮食部长）饿昏在办公室内的事情。同年苏俄工业产量只相当于 1913 年的七分之一，农业收成只有三分之一，苏维埃政权要生存下去就必须恢复经济。

的理想和现实利益，仍将日本视为东方帝国主义的代表，是自己的头号敌人。日本也认为苏联是支持东方民族革命的根源，不将其消灭就无法实现称霸野心，双方的根本矛盾不可调和，连贸易都很难开展。

苏俄振兴经济的外部希望，是同西方国家改善关系。1921年初冬，欧洲各国准备在意大利热那亚召开经济会议，列宁想亲自担任团长出席，后因身体不好未成行。会议开始后，英国、法国提出苏俄必须承认归还沙俄上百亿旧卢布的欠款和十月革命后没收的西方企业，才能解除经济封锁开展正常贸易。苏方代表声称对沙皇政府的债务没有归还义务，何况英法等国出兵干涉苏俄和支持白卫军打内战也造成巨大损失，双方对旧账都应一笔勾销。

苏俄同英法等国无法谈拢，只有刚战败的德国想利用苏俄来实现秘密的军备发展，这两个当时的"国际弃儿"因共同利益走到了一起。1922年4月，苏俄同德国签订了《拉巴洛条约》，宣布经济上互惠互利，私下还议定了军事技术合作。同年7月，苏德签订秘密协定，德国可以将《凡尔赛条约》规定其禁止发展的飞机、坦克、潜艇等项目放到苏境内进行研究开发。此后10年间，德国向苏联有偿提供了大量技术帮助其发展工业，建立起有世界

▼
20世纪20年代苏联大裁军时强调学习军事技术的宣传画。

先进水平的飞机制造厂和潜艇制造厂。德国在受国际环境限制的情况下，以此隐蔽地发展新技术并培训出掌握这些技术的军官，这其实也为苏德两军在战场交锋各自创造了物质条件。

1929 年，苏联开始了第一个五年计划建设。同年美欧出现了空前的经济危机，如美国工业产值在一年内下降了一半，大量企业停工。利用这一难逢的机会，苏联引进了汽车制造、机床生产、金属加工等众多企业，至 1933 年就由过去落后的农业国进入工业国行列。经过第二个五年计划，到 1938 年，苏联的工业产值仅次于美国而居世界第二位。以重工业最主要的指标相对比，1938 年美国产钢 3500 万吨，苏联产钢 1800 万吨，日本产钢 620 万吨。

日本在明治维新前是没有近代工业的落后农业国，后来虽发展工业却仍远远落后于欧美。如 1913 年日本钢产量仅 25 万吨，同年俄国钢产量就达 430 万吨，美国则有 3180 万吨。第一次世界大战期间，日本"参而不战"，与各国进行交易大发战争财，从 1914 年至 1920 年经济总量增长了一倍多，初步开始了工业化。随后因各列强重振产业，日本经济进入不景气状态，至 1928 年经济才有所恢复，钢产量超过 200 万吨。随后，1929 年美欧资本主义经济危机爆发后，导致日本出口额下降 76%，主要工业部门开工率只有 50%，直至占领中国东北后，能掠夺到大量资源才刺激了工农业增长，经济总量在 5 年内增长了一倍。

从军工技术领域看，日本因将舰船制造放在首位，在第一次世界大战结束时造船业水平就仅次于美英而居世界第三，在 1920 年就

能自行建成有世界先进水平的3.5万吨级的"长门"级战列舰。苏联舰船制造业长期落后,至1939年依靠引进意大利技术才能建成9000吨级的"基洛夫"级轻巡洋舰。从1922年至1939年,日本海军总吨位一直保持在100万吨左右而居世界第三,苏联海军在1939年总吨位才达到40万吨而居世界第七。

在航空技术领域,俄国起步却比日本早,苏联建立后也提出"空军优先"的概念,航空制造业规模在世界上仅次于美国,不过质量逊于美、英、德。日本在第一次世界大战结束后引进英国技术建立航空业,很快也将其作为仅次于军舰的投资重点。在20世纪30年代后期,通过同德国结盟得到技术帮助,日本的战机水平开始接近世界先进水平,质量同苏联相近,只是生产规模有所不及。

在陆军装备方面,日俄战争结束后日军自认为在亚洲无敌手,但在机动车、装甲车辆和枪炮方面的研制水平都日益落后于欧美和苏联。苏联在 1929 年就开始批量生产本国的坦克，日本同年虽研制出国产首款的八九式坦克却性能落后而只能少量试生产。在汽车生产方面，日本无论数量、质量都比较落后。如 1940 年各国汽车产量对比，日本有 5.7 万辆，苏联有 14.5 万辆，德国有 30 万辆，美国竟达 447.1 万辆。当苏军向半机械化迈进时，日本陆军还基本是一支骡马化的部队。

▲
1929 年日本试生产的八九式坦克油画，因性能不理想只少量试产。

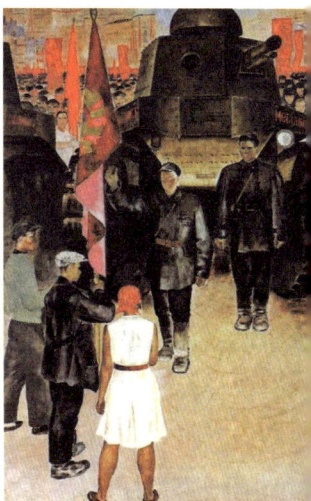

▲
表现 1929 年苏联国内坦克批量生产并服役的油画。

　　苏联因实力增强，在 20 世纪 30 年代同日本已有对抗的信心。不过此时远东地区仍属荒凉，通往那里的交通线还是沙俄时代所修的西伯利亚铁路，后勤条件同日俄战争后期相比没有多少提高，属于作战的"瓶颈"地带。1933 年希特勒上台后，翌年苏联就将西方的头号假设敌由波兰改成德国，为避免两线作战又想以支持中国对日抗战来拖住日本。

日军侵占中国东北后，中苏恢复外交关系

　　世界性的资本主义生产"过剩"的危机爆发后，经济基础脆弱的日本和被凡尔赛体制束缚的德国受到的冲击最大，这两个法西斯强盗国家随后都想重新瓜分世界。1922年，在美国主持的华盛顿会议上签订了"九国公约"，使中国恢复到几个帝国主义国家共同支配的局面，日本也趁机独占中国东北。

　　1923年9月，日本发生的关东大地震使经济遭重创，三年后才基本恢复。日本极端主义者就此提出一论调，认为本国处于地震地带，日后应该考虑"搬家"到"满蒙"，"满蒙是日本的生命线"这一谬论就此在国内盛行。1929年世界经济危机爆发后，翌年日本工业总产值下降三分之一，近一半工人失业，刚遭镇压的日本共产党和其他工农政党也加强了活动，日本一些右翼惊呼"国内已到赤色革命前夜"，军部一些少壮军官则直接叫嚷要"武力解决满蒙问题"。日本军方算定，中国处于军阀混战之中难以抵抗，经济上焦头烂额的英美不会干涉。

1923年9月1日，日本关东大地震引发全城大火的历史照片。

　　孙中山在1921年以后提出"以俄为师"，共产国际在帮助中国共产党建党时也支援国民党。在1926年夏至1927年上半年的北伐期间，苏联援助国民党的武

器和其他物资相当于 5000 万银元，对中共的财政支持才不到 100 万元。后来国民党咒骂共产党人"拿卢布"，其实他们自己拿的更多。1927 年国民革命的深入发展触动了新军阀和豪绅的利益，以蒋介石为首的国民党新军阀便同老军阀一同反苏反共。同年 4 月，占据北京的奉系军阀张作霖派军警冲进苏联大使馆，抓捕了在其中避难的共产党领导人李大钊等并将他们杀害，同时将苏方外交人员驱逐。同年 12 月，南方国民党当局在镇压广州起义时又枪杀 5 名苏联外交官，并强行关闭各地的苏方领事馆。1929 年秋，南京政府支持东北的张学良同苏联在中东铁路发生冲突，还出现一系列边界战斗。日本就此判定，自己进占东北时苏方也不会干预。

中国的国民党政府在 1928 年宣布实现了国内"统一"，各派军阀仍割据一方并相互混战。1930 年的中原大战动用兵力上百万，蒋介石靠张学良率东北军主力十余万人入关才打败阎锡山、冯玉祥，不过这造成了东北守备的空虚。1931 年粤桂军阀在广州另建"国民政府"同南京政府对峙，同年夏天蒋介石坐镇南京指挥"围剿"闽赣的中央苏区，准备消灭红军后再南下广东。在这种形势下，南京政府虽得到日本少壮军人准备在东北制造事端的情报，却嘱咐张学良要避免冲突，

◄ 这幅著名油画表现了孙中山在苏联顾问鲍罗廷（左）的支持下开办黄埔军校的情景。前左三为军校党代表廖仲恺，前右二为孙中山，右一为宋庆龄。

由中央政府以外交方式解决争端。

1931年9月18日夜，随着沈阳北郊柳条湖传来爆破南满铁道的一声巨响，日本关东军出动2万兵力，再加上2万"在乡军人"（退伍的预备役兵）配合，发起了攻占东北各城市的突袭。当时中国在东北驻军有20万人，得到的命令却是"不准抵抗"。只有沈阳城内的部分警察、长春南岭的驻军违令做了零星抵抗，大多数地方官员和军队或降或逃，沈阳、长春、吉林等地不到一周全部沦陷。

九一八事变第二天，9月19日中国政府（南京政府）向国际联盟控告日本进攻东北，请求出面制止，并说明自己已采取"不抵抗政策"。南京政府对国内的解释，又是"彼有强权，我有公理"。针对这种依赖国联而不自强的软弱无能态度，当时下野的西北军领袖冯玉祥便通电全国谴责说："日本大肆屠杀，不闻有备战之举，反以镇静为名，徒然日日哀求国联。试问宰割弱小民族的国联能代中国求独立，能代中国打倒该会常务理事之日本乎？与虎谋皮，自欺欺人，仍甘为帝国主义之工具而不悔。"

当时驻国联的中国代表顾维钧后来曾悲痛地回忆说，他向各国代表逐个求援时，得到的最伤心回答是："你们自己都不抵抗，怎么能期望别人替你对付日本？"

经中国南京政府一再哀求，国际联盟在一个月内做出三次要求"双方"都从中国东北"撤兵"的决议，对这一本身并不公正（要中国撤兵实属荒谬）的要求，日本只口头敷衍，实则加紧进兵。看到国联和美国未采取任何强制措施，日军更大胆地于 1932 年 1 月北占哈尔滨、南占锦州，还在 3 月间公开分裂中国领土，建立了囊括东北和内蒙古东部的傀儡政权"满洲国"。

其实，日本在清王朝崩溃和俄国十月革命后，就感到过去梦想的占领中国东北的主要障碍消除，只是在国际上不便公开吞并别国领土为己有，就利用清朝的满族、蒙古族遗老遗少来搞"满蒙独立运动"。清朝逊位之帝溥仪，更是日本人早就准备利用的一枚棋子。1924 年冯玉祥在北京驱逐

1934 年 3 月的美国《时代》周刊讽刺溥仪登基的封面画。

日本扶植溥仪充当伪满"执政"时的宣传画。

这个过去"尊号不变"的小皇帝出故宫，让他成为普通国民，日本公使馆便马上把溥仪接去，然后派军警护送他到天津日租界，并一直以"陛下"相称。关东军发动九一八事变后，特务机关长土肥原就赶到天津日租界，利用溥仪想复辟之心，许诺让他到"祖宗发祥地满洲"再当皇帝，接着派兵将其秘密护送到东北。

溥仪等人上贼船后，日本就向世界宣布派兵到中国东北只是帮助"独立建国"，其实这个伪国的君臣全是关东军操纵的工具。溥仪所有对外诏令和讲话都要由日本人拟定，能否外出或去哪里都由日军派在身边的"御用挂"请示关东军后决定。伪满的各部、各省、各县之长虽由"满人"担任却全属摆设，一切事务由日籍人员最终决定，中小学教育也以日语为主课。关东军主管伪满的一切军务和警务，甚至伪军和伪警察的主要指挥官都直接由日籍现役和退役人员担任。日本政府还决定向中国东北移民 500 万人，在城市建立日籍居民区，在农村建立"开拓团"，以此作为统治核心，只是移民计划在伪满垮台前只完成三分之一。

看到日本占领中国东北，并建立伪国完成了全面控制，苏联认为这等于建立了一个针对自己的战争基地，一再发表声明谴责，同时在远东增加兵力。苏联 1932 年的国防开支比上一年增加了一倍，红军常备军由 87 万人扩大为 120 万人。

日本侵占中国东北前后，共产国际公开支持中共推翻国民党的统治。以江西瑞金为首都的中华苏维埃共和国于 1932 年春对日本宣战，中共驻共产国际代表团团长王明在国际大会上还夸张地称国内苏区已有 6000 万人口，事实上苏区在各个山乡根据地的总人口未超过 1000 万，中国工农红军总数最多只有 20 余万人。最重视实力的斯大林见中共力量在"围剿"中不断削弱，认定在中国抗日还要靠国民政府。此时国民党政府也希望苏联能牵制日本，便取消了镇压广州起义后发布的"绝俄令"。

1932 年 2 月，中国政府派到日内瓦的代表颜惠庆同苏联外长李维诺夫会面。经一系列商谈，同年 12 月中苏两国政府宣布恢复大使级外交关系，接着双方开展了一些贸易文化交流，如国民政府同意梅兰芳等艺术家前往莫斯科演出以增强友好气氛。

不过，此时国民党政府仍以"剿共"为重点，在国内还大力宣传反共反苏方针，以"攘外必先安内"的方针对日妥协。苏联则继续批评国民党政权，直至 1935 年夏天还公开刊登联共（布）党员蒋经国"告母亲的公开信"，在信中对蒋介石和国民党政权进行了批判。

▲
蒋经国在苏联时的照片。他的夫人也是苏联人。

日本占领北满并控制中东铁路后，苏联为得到经济利益的补偿，又违反政治原则，在 1935 年与其原来"不承认"的伪满政权签订协定，以 1 亿多日元价格把 1924 年议定由中苏共管的这条铁路单方面出售，在哈尔滨也保留了领事馆管理侨民。日本肯出钱买这条已控制的铁路，目的就是让苏联同伪满政权交往并就此大做文章，以彰显伪政权的地位并败坏苏方声誉。

希特勒掌权之后，马上撕毁了德苏合作协定，以反苏反共为旗帜，使苏联感受到东西两线威胁。斯大林决定改变"推进世界革命"的政策为"建立国际反法西斯战线"，并在 1935 年 7 月的共产国际七次代表大会上确定。同年 8 月 1 日，王明等人以中共中央的名义起草了《八一宣言》，表示愿意同国内一切愿意抗日的力量合作建立统一战线。蒋介石对此表示了回应，同年末派邓文仪到莫斯科，一方面表示愿联苏抗日，一方面表示愿意同中共谈判停战。

进入 1936 年后，南京政府对苏联和中共的态度都有转变，同年夏天蒋介石接见苏联驻华大使时提出想缔结同盟条约。苏方不愿直接出兵援华，不同意结盟却表示可给予军事援助。1937 年 4 月，苏联驻华大使通知国民党政府，愿向中国出售飞机和坦克并为此提供 5000 万美元贷款。此时蒋介石在求助英美援华并害怕刺激日本，三个月间拖延未予答复。

东北抗联苦战受挫，余部撤入苏境休整

苏联表示支持中国抗日，在同伪满的边境上却尽力避免引发对日战争，援助东北抗日武装时非常谨慎。

1931 年秋到翌年春天，东北掀起抗日义勇军运动，约有 30 万人参加。义勇军主要由旧军队、绿林武装和民间帮会等组成，没有统一领导又组织涣散，日本关东军使用了 4 个师团约 8 万人兵力，从南到北"扫荡"各路抗日义勇军。经过一年多的战斗，风起云涌的

东北义勇军大部溃散，近 3 万人退入苏联。

苏联在东北义勇军入境时予以收容，却不同意让他们以本国的远东为基地回境抗战，在 1933 年内用火车将他们运到中亚，取道新疆遣返回中国。

从 1932 年起，中共满洲省委开始组织抗日武装。1933 年内，共产党员李延禄在东满改编了原义勇军的一些余部，杨靖宇也在磐石游击队的基础上建立了红军第 32 军，珠河、绥宁、汤原等一些地区内也建立了中共领导的抗日游击队。1933 年中共中央从上海迁往江西瑞金后，失去了同满洲省委的联系，中共在东北的组织由驻莫斯科的中共代表团领导。当时苏联在靠近边境线附近建立了秘密联络站，接待抗联赴苏联络和学习的人员，却只提供了一些活动经费作为支援。

▲
日军在东北对抗日联军进行"讨伐"时的刊物。

1935 年夏天以后，中共在东北成立了统一抗日武装——东北抗日联军。抗联先后建立了 11 个军，其人员数量于 1937 年初到达最高峰，有 4 万余人，其中一半左右是中共建立和直接领导的队伍，约一半是接受中

◄
侵占东北时日本关东军穿寒带军装的形象。

共领导却未经很好改造的旧式绿林武装。王明、康生主持的中共驻
共产国际代表团对抗联的指示，是要求在东北团结各阶层共同抗日，
却没有强调如何以解决土地问题争取群众，并忽略了建立巩固根据
地，这就为后来的失败留下了隐患。

看到东北抗联的大发展，1936年日本关东军制定了"集团部落"
政策，并在一年内实施。根据这一毒辣方针，日伪军在抗联活动区
实行了"大并屯"，把边远山地的几百万老百姓都集中起来，由军
警和伪组织严加看管，从而断绝对抗联的衣食接济，形成对各地游
击武装最致命的打击。

1937年7月，中日全面战争开始，日本马上征召预备役军人，
将简编师团予以扩编并组建新部队，三个月内常备军由35万人扩编
到105万人。除投入中国关内战场60万人，关东军由8万人迅速扩
充至20万人，主要用于防范苏联，也抽出一些兵力同伪满、伪蒙军

▲

关东军司令部和
30年代的历任司
令官（从左至右）。

对抗日联军进行"大讨伐"。此时"集团部落"基本完成，抗联部队很难得到群众物资支援，在1938年激烈反"讨伐"作战中损失大半，内部没有建立共产党组织的旧式武装如谢文东、李华堂等部经不起考验而投降。退入深山密林的抗联部队在日伪军的不断搜剿下处境艰难，至年底人员估计只剩2500余人。

在中国共产党领导的革命战争史上，东北抗日联军密林中的苦斗，与红军长征、南方三年游击战争一起并列为最为艰苦卓绝的三大典型。如抗联第一路军总指挥杨靖宇在断粮数日后仍孤身与围追的"讨伐队"苦战，牺牲后敌人在他的肠胃中发现只有棉絮和树皮。抗联第5军妇女团的8名女战士被敌包围后毅然投身滔滔江水，演出了一曲"八女投江"的千古绝唱。

1939年夏天，苏军同日本关东军在诺蒙坎激战，需要东北抗日联军起牵制作用，才向其提供缴获的日本武器。不过此时抗联武装

▲

王铁牛所绘的油画《杨靖宇》，表现了这位民族英雄战斗到最后的英雄气概。

所剩不多，着重向西满一带（即现在黑龙江西部）发展新区。1940年初，南满的抗联部队基本损失殆尽，北满的第二路军司令周保中会合其他主要领导人到苏联远东军司令部所在地伯力召开联席会议。鉴于北满的冬季环境过于严酷，补给和取暖问题都难解决，周保中等人向苏军提出，抗联武装冬季可直接过江到苏联境内休整，开春再回境进行游击战。

1940年上半年，东北抗联在北满大力开展游击活动，在12月8日还一举袭击占领了肇源县城，缴枪500余支，成为震动全伪满的"三肇事件"。不过日伪军又实行更严密的搜剿，至年末抗联武装只剩1000余人，在严寒中只得退入苏联境内，东北抗日斗争一度陷入低潮。

"志愿航空队"参加援华抗日空战

面对日本不断扩大的侵华行为，中国各阶层都呼吁停止内战一致对外，中国共产党也实行了新政策，与西北的张学良、杨虎城建立了抗日统一战线。1936年12月，张学良、杨虎城率兵发动"西安事变"扣押蒋介石实行"兵谏"，迫使其停止"剿共"，全国走向合作抗日之路。

日本为扩大侵略，在国际上积极寻找帮手，于1936年11月同德国签订了《反共产国际条约》，翌年意大利加入，三个法西斯国家正式结盟。因共产国际总部设在莫斯科，从德日意三国条约的名称就可看出这是一个反苏军事同盟。日本认为有德国在西面对苏牵制，就敢于发动大规模的侵华战争而不担心苏军参战。

1937年7月7日，日军一批强硬派在北平挑起"卢沟桥事变"，军部讨论时出现了"膺惩派"和"不扩大派"的分歧。其实这些人一致拥护对外侵略，分歧只在于认为发动大战的时机是否成熟。在陆军头目保证可在三个月让国民政府彻底屈服后，天皇做出大规模开战的决定。日本于7月末向北平、天津发起总攻，8月13日又在上海开战。

此时蒋介石敢于宣布抗战，外部原因是寄希望于美英制止日本以及苏联出兵相助。此时苏联的防御重点是德国，对是否出兵援华一事表态含糊，只在1937年8月21日签订了《中苏互不侵犯条约》。

这个条约表面上显示两国和平相处，其实是规定苏联对中国提供援助，方式却由苏联掌握，这就处于可收可放的灵活地位。签约时，蒋介石向苏方表示"最急需用者为驱逐机200架与重轰炸双发动机100架"，苏联对此马上答应。

此时中日军力对比以海军相差最为悬殊，其次是航空兵。国民党当局索性让海军舰只在江阴自沉堵塞长江出口，重点加强空中力量。此时中国空军只有9个大队26个中队，有飞机314架（其中不

足 200 架能空战），飞行员 700 名，飞机全部系外购。日本陆海军
航空兵有作战飞机 2100 架，已培训好的飞行员近 1 万名，何况日本
的飞机 90% 系国内生产，补充非常方便。

中日全面战争开始后，美英法等国都宣布中立，禁止对交战双方出售军用装备。纳粹德国原是国民政府最大的军火供应国，在日本要求下也对华限售武器，中国只能向苏联求购军火。蒋介石却对苏方提出，提供的装备只能给国民政府而不能给中共，斯大林从自身战略利益出发也表示同意，对延安的秘密援助只限于少量经费。

▲
日本所绘的 1937
年以海空联合军攻
击中国的画作。

从 1937 年 8 月 14 日杭州笕桥空战开始，力量弱小的中国空军
同日本陆海军航空兵（日本没有独立的空军）展开激战。此时日军
航空兵主要装备三菱九六式陆攻飞机，是一种轰炸和格斗功能兼备
且速度很快的战机，装配 2 挺 7.7 毫米口径机枪，时速达 430 公里，
中国空军装备的美国制造霍克 –3 在速度上略逊一筹。高志航所率的
飞行员们虽奋不顾身与敌战斗，可惜空战开始后仅半个月飞机便损
失大部，只好从苏联求得补充。

此时苏军主要装备的战斗机有两种，分别为时速 380 公里的双
翼机伊 –15 和时速 430 公里的单翼机伊 –16 型战斗机，性能起初同
日本九六式战斗机相比不相上下，对华供应的也是这两型战机，此

与日军空战的苏联
伊-15 战斗机。

外还有少量轰炸机。

　　培养飞行员的时间比造飞机要长得多，中国飞行员开战即损失重大，得到飞机补充却缺少人驾驶。经中方要求，苏联派出空军以"志愿航空队"身份驾机参战，以此表示属于个人自愿行为。日本自然清楚是同苏联空军作战，却不愿正式对苏宣战，也就以一种"揣着明白装糊涂"的方式同那些涂着中国机徽的"志愿者"飞机进行空中交锋。

　　1937年10月，苏军在兰州建立了飞行基地，让飞行员驾机分别由新疆和外蒙古到达这里，再让中国飞行员经短期训练以熟悉操作。11月间，高志航率队赴兰州接收了13架伊-16战斗机，同苏联飞行员一同驾机准备飞回南京。机群到达河南周家口机场落地后，因缺乏预警，眼睛看到敌机并听到马达声才知道日机袭来。此时苏联飞行员们判断升空已来不及，纷纷跑到防空壕内，高志航却下令马上起飞迎战。伊-16战斗机在寒冷时节发动时间较长，未能启动时日机便投下炸弹，高志航当场牺牲。

表现高志航准备登苏制伊-16战斗机升空的雕塑。

12月1日，苏联飞行员驾驶伊-16战斗机到达南京机场，马上升空与日机空战。12月2日，苏联的9架SB型轰炸机从南京起飞，轰炸日军占领下的上海港，炸沉了多艘运输船。12月9日，日军逼近南京机场，苏联航空队撤往南昌。此前南京国民党军的11万守军已是士气沮丧，失去空中掩护后更出现恐慌，许多部队失控。12月13日南京全城陷落，俘虏和平民又惨遭日军的大屠杀。

日军侵占南京后，国民政府多数政府机关移到"九省通衢"的武汉。从1938年2月到5月，中苏空军在武汉与日机进行了多次空战。2月23日即苏联红军建军节这天，苏联航空队以28架SB快速

1937年至1939年苏联援华的主要战斗机伊-16。

轰炸机从武汉远征台湾，袭击了松山机场，炸毁和烧毁了40架日军在地面上组装完成的进口意大利轰炸机，直接导致机场指挥官自杀谢罪。

从抗战初期中日双方总体空中力量看，中方虽有苏联提供飞机和飞行员，油料、机场和各方面物资保障条件都远逊于日方。在两年多时

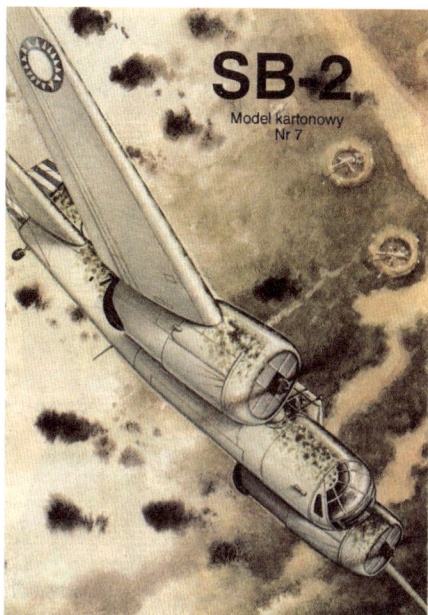

间内，苏联对华提供了1285架飞机，同期日本生产的飞机则达6000架并有更好的保障条件，战场制空权基本上由日军控制。苏联航空队的主要任务是担负重要城市防空，并轰炸日本的运输舰船，有时也袭击日军机场。

保卫武汉是抗战前期中苏空军的防空重点，最大一次空战发生在1938年4月29日，即日本天皇的生日"天长节"。当天日军出动轰炸机、驱逐机共39架空袭武汉。以苏联飞行员为主体的中苏飞行员驾驶的伊－15和伊－16战斗机共67架迎击，经30分钟激战，一举击落日机21架，自身被日机击落12架，牺牲飞行员5人，取得抗战以来空战最辉煌的胜利。

据当年的武汉人回忆，每逢空战时，成千上万的市民不去躲避而是在街道或房顶仰头观望。每看到日机被击落，人群中马上欢声

雷动，不少人还兴奋地把帽子扔向空中。若有中国飞机坠落，观看者纷纷捶胸顿足，有人还悲愤泪下。空战中牺牲的苏军烈士有 15 人的遗体埋葬在汉口胜利公园，中国政府为其建立了纪念墓碑，近年来还经常有中俄两国人前来祭悼。

▲

苏联飞行员在兰州机场的照片。

兰州作为飞机交接和中方飞行员培训的主要基地，成为日军航空兵空袭的另一个重点目标，以苏联飞行员为主的中苏空军在此同日机进行了多次空战。1939 年 2 月 23 日，日本陆军航空队以 20 架轰炸机来袭，战斗机掩护未能协调好，中苏空军利用这一战机出动 30 架分批拦截，一举击落日机 18 架，自己无一损失，成为空战中最成功的范例。

1939 年春季以后，日军以武汉为基地经常轰炸重庆，中苏空军又进行了持续的防空作战，同时也抓住时机进行攻击。同年 10 月 3 日，苏联轰炸机突袭汉口机场，在日机未能升空时就炸毁其 34 架，指挥轰炸重庆的日军第 1 联合航空队司令冢原二四三少将的左臂也被炸掉。10 月 14 日，苏联航空队再次出动 20 架轰炸机突袭汉口机场，炸毁日机 60 架，并毙伤日陆、海军航空队 300 多人，重创日军航空队。

在 10 月 14 日突袭中，苏军库里申科大队长所率机群遭日军战斗机攻击，在空中击落 5 架敌机，自己的飞机也被击中负伤。库里申科驾机返航经四川万县上空时失去平衡，如选择弃机跳伞就能平安着陆。他为保存价值不菲的飞机，选择迫降长江水面沙洲的方式。迫降后，领航员、报务员和轰炸员都爬出机舱游泳上岸，库里申科却因筋疲力尽被江水冲走牺牲。

苏联派空军援华时对外保密，库里申科给妻子的家书中也只说在"东方的一个地区工作"。他的妻子接到军人阵亡通知书也称"在执行任务时牺牲"而未讲地点。直至20世纪50年代，库里申科的妻女才知道其下落，并到四川万县参加了墓园的建成典礼。

进入1940年后，国民党当局在国内加紧反共活动，对苏联人员也紧密监视，航空队反映其身边的服务员都是军统特务。此时欧洲大战爆发，苏联航空队逐步撤回。同年日本通过引进德国技术，研制出号称"世界上最灵活"的"零"式战斗机，时速达530公里，第一批出厂的15架还没命名就被派到中国实战，苏联的

▲
表现1939年重庆"五三"空战的画作，图中苏制伊-16正在向日机射击。

◀
在重庆万州陵园内库里申科的雕塑像。

伊 –15 和伊 –16 战斗机已不是其对手。

1940 年 9 月 13 日，"零"式在四川璧山上空第一次作战，苏联飞行员未参战，中国飞行员驾驶苏制战斗机被击落 13 架、击伤 11 架，飞行员牺牲 10 人，而"零"式没有一架被击落。此时中国空军只剩几十架苏制飞机，再接收性能已落后的伊 –16 战斗机也无太大意义，便避免空战，这一阶段被称为"抗战时空中最黑暗的时期"。至 1941 年末，美国的陈纳德率"飞虎队"使用可与"零"式抗衡的 P–40 战斗机参战后，空中战局才开始扭转。

后来宣传抗战时谈到外国援华的航空队，宣传较多的是陈纳德领导的"飞虎队"，其实此前苏联空军参加中国抗战的规模更大。何况陈纳德所率飞行员是领中国高薪的雇佣兵，苏联飞行员却是为国家尽义务的正规部队。

▶
1940 年参战的日本"零"式战斗机。

在 1937 年以后的三年间，苏联共派遣了 3665 名空军人员来华参战，其中飞行员 1091 名，有 211 名飞行员牺牲。苏联还帮助建立了航空供应站和飞机修配厂，并在迪化（乌鲁木齐）、兰州等地设立航空学校和训练基地，为中国培训了近 1 万名相关技术人员。

苏联在中国抗战期间，总计提供了贷款 2.5 亿美元，这相当于 1936 年度中国财政收入的三分之二，供给坦克 82 辆、牵引车 602 辆、汽车 1516 辆、火炮 1600 门、轻重机枪 14000 挺、步枪 5 万支、子弹 1.8 亿发。1941 年 6 月，德国对苏联发动战争，苏援才就此停止。

中国人感谢苏联对自己抗战的援助，不过这场抗日战争牵制了日军，减轻了苏联的东部压力，这同样是对苏联的帮助。

四

苏军在诺蒙坎战役
首次重创日军

中国全面抗战开始后，苏日两国也剑拔弩张，斯大林虽想避免东西两线同时作战而不想对日本开战，却本着俄国素来以示强阻吓对手的思路，决定要教训日军。此前日本人也一再叫嚷："我们打败过'白俄'，现在一样能战胜'赤俄'。"双方在都不想打大仗、却都想恫吓对手的心态下，发生了张鼓峰、诺蒙坎两次局部战争，又都适可而止。尤其经过诺蒙坎这场近似中等局部战争的较量，苏联首次打败日军，关东军还产生了"恐苏症"而打消了"北进"念头，这对保障苏联东部安全具有深远的战略意义。

▲
表现日苏诺蒙坎空战的油画。

苏军夺占张鼓峰得手，日军却仍然看轻对手

1936年11月，日本同纳粹德国缔结《反共产国际条约》实现结盟，上层就出现"北进"和"南进"之争。1937年7月卢沟桥事变爆发时，关东军多数头目包括参谋长东条英机都赞成先完成对中国的侵略，认为应利用苏联正陷入"大清洗"的混乱，先用三个月时间让中国屈服而失去抗日能力，就能集中力量"北进"。东条本人就率关东军两个旅团在8月间进攻绥远和山西北部。这些部队冬装都没有带，以为秋末就能结束战争，结果中国的顽强抵抗却让日军陷入泥潭。

至 1938 年夏天，关东军扩充到近 30 万人，却只有飞机 500 架和 200 余辆坦克。6 月间，苏联在远东的情报保卫机构首脑留希科夫上将因害怕受到清算，在珲春越境叛逃日军。他向日本关东军称，苏军远东兵力超过 40 万，

有 2000 辆坦克和同等数量的飞机。不过留希科夫又说，苏联的"清洗"已将大多数将领和党政干部逮捕并大批杀害，部队严重缺乏指挥人才。关东军上层对苏军的飞机、坦克如此之多而感震惊，不过有些日军将领认为对方正处于混乱，应该以一次小冲突来个"火力侦察"。

留希科夫叛逃几天后，苏方在距离他越境点不远的珲春附近的张鼓峰采取了示威行动。这个小山峰在中朝界河图们江的东岸，位于过去中、苏、朝三国交界处，按不平等的中俄条约规定为国界，却无标桩导致界线不清晰。苏联称其为哈桑湖地区，此高地又是从东方俯瞰海参崴的战略要地。

1938 年 6 月底，一队苏军登上过去无人控制的张鼓峰，构筑工事并布置铁丝网。日本内阁马上指示驻苏大使重光葵以谈判争取对方后撤，苏联却声称这是本国领土不能撤军。

这时日军正在进攻武汉，大本营提出不要扩大事态，却又同意夺下张鼓峰以向苏军示威。关东军得到的命令是不参战，由朝鲜军仅有的野战部队第 19 师团进行攻击，而且不要使用飞机。第 19 师团开始动用一个联队（团）的 1600 人，于 7 月 31 日夜间进入阵地。

8月1日凌晨，日军在炮兵支援下突然发起冲击，击溃了山顶不多的苏联守兵，完成了占领任务。

日军此次行动，是在苏联于1922年末正式宣布建立后对其发起的首次军事进攻。据苏联档案证实，斯大林亲自向远东军区司令员布留赫尔元帅（即北伐时化名到中国担任顾问的"加伦将军"）打电话，要求立即用飞机轰炸，掩护步兵反击夺回高地。得到的回答是天气不好难以起飞，斯大林马上声色俱厉地说这关系到苏联的威望，再难也要出动。

斯大林这句话，点明了此仗目的是对日本"立威"。8月2日，苏军出动大批飞机轰炸日军前沿部队，还向其后方庆兴、古邑等朝鲜地域投弹。苏军步兵却组织不善，经一再冲击也未拿下张鼓峰阵地。日军又调来一个炮兵联队，在朝鲜境内隔着图们江向苏方轰击。

► 张鼓峰事件时的日军作战的照片。

初战不利后，8 月 3 日苏联国防人民委员伏罗希洛夫下令编成第 39 军，下辖三个师并配属一个机械化旅和航空队，由远东军区参谋长希特仑为军长。8 月 5 日，苏军在坦克、飞机的支援下又一次反击，于 8 月 6 日傍晚夺回了张鼓峰。

日军见苏军优势火力适合白天作战，便发挥夜战水平高的长处，随后几个晚间连续反冲击，经反复争夺拿下高地一角，不过感到想取胜必须增兵。日本大本营却下令不扩大事态，由重光葵大使在莫斯科谈判达成停战协议。

张鼓峰战斗的消息传到中国，国民政府异常兴奋，许多报纸也将此事在头条报道，人们奔走相告——"苏联帮我们打日本了！" 8 月 10 日夜日苏达成停战协定后，国人头脑马上冷静下来，知道苏联

▲
日本画报以张鼓峰冲突作为封面。

▲
苏军最后控制张鼓峰山顶的镜头。这张照片当年作为胜利标志广为传播。

重在自身利益，援华是有限度的，中国抗战还要靠中国人自己！

苏日两军在 8 月 11 日午前停火，部队从实际战线各后退 500 米，并交换战俘。从战斗结果看，苏军拥有了张鼓峰实际控制权，算是胜利者。

据当时苏联流传较广的一个说法，在哈桑湖（张鼓峰）战斗后，诗人伊萨柯夫斯基被安排采访，看到战地梨花开遍了山崖，河上有柔曼的春光时，曾写下《喀秋莎之歌》。不久后的卫国战争中，这首歌唱遍了苏联，随后在中国流行多年。

▲

张鼓峰停战后，日军和苏军的代表在一起谈判的照片。

张鼓峰事件名声很大，作战规模却很有限，日军虽未得手却获得了很大信心，经此战还认为对手战斗组织水平很差。事后，第 19 师团师团长尾高龟藏未受责备，反而提拔为军司令官。

此战结束日即 8 月 12 日，莫斯科塔斯社的战报称："歼灭入侵日军 8000 余人，击落飞机 24 架，击毁坦克 47 辆。"这完全是夸张宣传，尤其是日军此仗未出动飞机、坦克。

日本在此战后公布，己方战死 158 人，受伤 740 人。了解日军战报的人都知道，夸大战果和缩小损失是一贯传统。战后据日军总参谋部俄国课课长林三郎所写的《关东军和苏联远东军》记载：张鼓峰战斗中日军伤亡总数 1440 名，其中死亡 526 名。

苏军在张鼓峰之战的损失数，俄罗斯解密的档案证明有 759 人阵亡，106 人因伤病而死、95 人失踪，此外有 2000 人负伤。据后来苏联史学家称，在兵力、火力占绝对优势的情况下，苏军伤亡差不多比日军多一倍，主要是"大清洗"造成指挥员缺失，甚至出现过因指挥不当把部队引入沼泽造成人员失踪的情况，冲锋时也不讲疏散队形。

苏联于 1962 年发行的纪念布留赫尔元帅的邮票。

此战刚结束，8 月 18 日希特仑就取代布留赫尔担任远东军区司令，那位中国人熟悉的"加伦将军"于 10 月下旬被捕，11 月被杀害。他是苏军最早授衔的五元帅之一，威信很高，因此苏联官方长期不说其下落，直至 1956 年苏共二十大平反冤假错案时才得以昭雪。

叶剑英元帅在大革命时期就同布留赫尔相识，1929 年在苏联远东军实习时又在他领导下参加了伯力附近的红河练兵，因此在 1957 年访问苏联伯力时曾赋诗：

不见加伦三十年，东征北伐费支援。

我来伯力多怀旧，欲到红河认爪痕。

朱可夫赶到前线指挥，夺回制空权成为获胜关键

日本在1938年10月攻占武汉、广州后，关内投入的兵力达85万，却陷入国民党指挥的正面战场和共产党领导的敌后战场的两面作战。此时日本陆军的"皇军之花"关东军受苏联牵制，花费了军费40%的海军又在防范美英，大本营就决定对华停止战略进攻转入相持。

经张鼓峰一战，日军还坚信过去认定的"一个师团可敌苏军三个师"的判断，在关内攻势停息后又想对苏打一仗。在外蒙古苏联自1921年以后长期驻军，不过在边防线还是由蒙古人民军守卫。中国全面抗战爆发后，苏军尽管内部"清洗"出现了混乱，在远东的兵力和装备却在增强，在张鼓峰事件后又让部队进入随时准备作战的状态。

1938年10月，苏军第57军开入外蒙古，在边界附近同海拉尔刚组建的日军第23师团形成对峙。这个师团的师团长小松原道太郎中将过去长期担任驻苏联大使馆的武官，是军中有名的"露国通"。此人认为应对苏采取一次攻势并试探虚实，关东军司令官植田谦吉大将等也赞同。日军下级官兵在蔑视"俄熊"的宣传下也滋长起一种病态的"亢奋"。据诺蒙坎战败后日军心理机构调查战前的状态是——"日本士兵都热切盼望与苏军交手，90%以上的军官对苏军情况一无所知，却毫无理由地轻视对手。"

武汉失陷后，蒋介石对抗战表现消极，斯大林担心他可能与日本妥协讲和，认为有必要以实战鼓励中国继续抗日，因此在诺蒙坎的冲突发生后也想适当打击一下关东军。

诺蒙坎地区（苏联和外蒙古以当地河称"哈拉哈河地区"）处于内、外蒙古交界处，距离中国的海拉尔有180公里。这一带草原过去是放牧区并未明确划界，日本关东军指使伪满巡逻队同苏军支持的外蒙人民军在此一再发生纠纷，1936年3月至4月还发生了上千人参加的战斗，日军也参战并出动了飞机和装甲车。同年10月，双方在满洲里举行会议，虽暂时停战却未能划分清晰的边界，这也为日后的冲突埋下了伏笔。

▲
诺蒙坎作战时的苏军形象，戴1936年式钢盔。

1939年1月至3月，外蒙人民军同伪满军在诺蒙坎巡逻时又发生几次战斗，苏日两军都未参加。此时关东军内有一个日本有名的"豺狼参谋"辻政信，当时军衔只是少佐却能量极大，是天皇赏识的"军刀组"成员。他乘飞机越境到苏方侦察，并向植田司令官鼓吹能轻易获胜，据说这在关东军司令部内也鼓动起一股积极主张作战的风潮。

5月13日，日本关东军植田司令官下令，让第23师团派出一个支队600人在飞机、装甲车配合下开往此地，将外蒙军驱赶到哈拉哈勒河西岸，这等于点燃了战役导火索。

▲

关东军的参谋辻政
信在日军中有"豺
狼参谋"之称，此
人力主在边界扩大
冲突。

▼

调到诺蒙坎战区之
前的朱可夫照片。

▲

诺蒙坎之战开始后苏军就以坦克同步兵配合痛歼日军。

日军派出的支队顺利赶走外蒙军，5月28日却出现苏军一支特遣队并配备12辆坦克在飞机掩护下同蒙古人民军一起反击。交战开始后，日军装甲车的机枪打不穿苏联坦克，自己薄弱的装甲却根本挡不住坦克炮。日本骑兵面对苏军的"钢铁怪兽"只能绝望地挥舞着马刀却最终难逃被机枪扫倒的命运。苏军的喷火坦克连又以火焰消灭躲在沙丘后的日本兵。在河西岸的日军500多人被击毙，其中不少还被烧成焦炭，只剩少数人逃回。

关东军得知苏军几乎消灭了自己的先头分队，马上要求报复。5月30日，日本陆军大臣板垣征四郎同意第23师团出动，并调动关东军各航空队在空中支援。

苏联得到日军扩大战事的报告后，时任白俄罗斯军区副司令员的朱可夫上将在 6 月 2 日被召到莫斯科，国防人民委员伏罗希洛夫元帅交代了任务，让他马上飞到蒙古接任第 57 特别军军长。朱可夫长期担任过骑兵和坦克部队的指挥，不久前刚到西班牙考察过坦克作战，被认为适合于指挥草原开阔地带的装甲部队作战。

6 月 5 日，朱可夫飞到距前线 120 公里的军部，发现部队有很多混乱现象。前沿一个师刚由地方部队升级组建，指挥员控制不住下属，在日军炮兵轰击

诺蒙坎作战时的苏军形象，左为穿 35 式军装，中为库班哥萨克，右为军级指挥员朱可夫。

和一个联队的冲击下竟全部溃散，幸亏因炮兵火力拦截才遏制住对方。日军飞机也在空中占优势，这对由骑兵构成的蒙古人民军威胁最大。面对空中扫射和投弹，旷野上的骑兵无力还手只能乱跑，损失非常大。

朱可夫分析战场形势后，认为在草原上作战首先要掌握制空权，装甲部队又是地面交锋的主力。苏军马上调空军到外蒙古，里面有许多还是刚参加过中国战场和西班牙战场空战的飞行员。苏联工程兵和蒙古民工马上动员起来，一个多月内在纵深 300 公里之内建起52 个机场，不过基本都是草原上土质跑道的简易机场。此时日军在

日军九七式战斗机
同苏军伊－16在
诺蒙坎空战的油
画。

海拉尔至阿尔山地区也建有 36 处机场，而且有着较大的纵深和宽度，适合航空兵前后机动。

苏军起初投入战场的战斗机，是在中国内地和西班牙战场上大量使用的伊－15 和伊－16，性能已不先进，日军除使用九六式战斗机，还使用了"一式隼战"这种新装备的全金属单翼战机，其有装备防弹装甲及自封油箱，性能已略优于苏机。不过苏军很快调来了伊－16 的改进型"鸥"式，性能也不亚于日本的"一式隼战"，双方飞行员的技术水平又基本相当。

此时日本陆军航空队共有 36 个飞行战队，投入诺蒙坎战区达 18 个，先后参战飞机超过 700 架。苏联则从空军和海军航空兵部队以及飞行学校中挑选出"飞行尖子"，参战的飞机先后达 900 架。在

苏联的伊-15战斗机拦截日本"重爆"（轰炸机）的画面，空中攻击迫使其不得不提前投弹赶紧回撤。

一个狭小战场上，双方新建这么多的机场，又动用这么多飞机，是世界空战史上的第一次。苏日交战的主战场在地面，制胜关键却在空中，这又显示了现代化战争的全新特点。

苏联空军在6月中旬大批出现在战场上空，6月17日至6月19日出动65架次战机对甘珠尔庙等地的日军浅近后方的供应站发动空袭，摧毁500桶汽油以及大量粮秣。日军则不顾大本营的限制，于6月27日清晨出动119架飞机，突袭了外蒙古纵深的塔木察格布拉格机场，事后自吹摧毁了苏军100多架飞机，同时还轰炸了外蒙古东部最大的城市巴音图门（1941年改名为乔巴山）。

苏军对日机敢于越境200多公里轰炸，事先未曾料到，损失了几十架飞机和不少机场油料，暂时丧失了制空权。这次空袭虽得手，日军参谋总长载仁亲王却指责关东军不经东京同意而"越权"，可能引发大战。随后几天内日机出动很少，苏联空军速调飞机增援，一周后又改变了空中局面。

進入7月上旬，双方在地面激战时，空中也出现百架战机的大机群交锋，却只限在前线而不进入对方纵深，两军都自称是空战的胜利者。苏军战报

▲
日本关东军集结机群的照片。

称击落日军飞机660架，自己损失207架。日方战报称击落苏军飞机1162架，自己损失182架，日本陆航还推出一个吹嘘有"击落48架"战绩的"王牌"。

后来俄罗斯解密的档案证明，三个月的空战中苏军遭击落、击

►
在同日军交锋时苏军战斗机伊-15性能落后，很快被淘汰。

毁共损失 208 架战机，飞行员死亡 174 人，还有 336 架战机负伤。日军档案证明飞行员阵亡 152 人，重伤 66 人，不可恢复性损失飞机 383 架。由此看来，日机损失比苏军要高一些，不过苏联后方的油料供应、机务保障和飞机补充能力超过日本，苏方航空兵越战越强。原来前线距苏联铁路线有 720 公里，靠汽车转运供应量有限，苏军工兵在一个半月紧急铺设了 340 公里到巴音图门的铁路，后来计算其运量增大到对面日军的三倍，其航空兵、装甲兵和炮兵都得到充分供应。

对空中胜负有最准确评判的人，还应是地面交战者。7 月间日本陆军就感到空中掩护越来越靠不住，到 8 月下旬苏军发起总攻时，地面日军看到头顶上只有涂着红星的飞机在对他们进行轰炸扫射。

日军在坦克战、夜袭和炮战中拼出老本满盘皆输

6 月初，日本关东军发现苏军的一架浮桥越过哈拉哈河到达东岸，决定将其摧毁，作战规模马上扩大。6 月 20 日，小松原道太郎中将率第 23 师团全部、第 7 师团的两个步兵联队和部分警备队及后勤分队共 2.5 万人，在海拉尔集结后开拔。第 7 师团在日军中是甲午战争和日俄战争的双料王牌，此次留下师团部和一个联队在嫩江保护后方，主力投入诺蒙坎。

此时日军汽车不多，临时抓了中国老百姓许多马车，不少步兵还在徒步行进，各部队经过荒原上的临时道路，从海拉尔车站到达

180公里外的诺蒙坎前线至少需要四天到五天。其后方运输线比苏军短得多，运力却相差甚远，这恰恰表明机械化水平的差距。

鉴于苏军装甲部队能在草原碾压步骑兵，日军决定调配有"国宝"之誉的第一战车师团。这个此时日本仅有的师级坦克部队刚在四平和公主岭之间组建，编制有285辆坦克，因维护问题只有180辆可用。日军便从该师团调动两个战车联队、一个有1500人的摩托化步兵大队和各维护分队，可用的坦克基本都出动，由师团长安冈正臣中将率领。由于这个师团还留下部分单位，开往前线的称为"安冈支队"。

日军坦克中，只有少量刚列装的15吨重的九七式属于中型坦克（按西方标准只能算轻型），其设计思路是充当支援步兵的装甲火炮，配备的是57毫米口径短管步兵炮，射程短且命中准确度差，不太适合坦克战。日军大部分坦克是7.6吨的九五式，其余为11.8吨的八九式，都装配37毫米口径炮，只是前身装甲更薄而被戏称为"铁皮罐头"，只能在关内对付没有多少反坦克武器的中国军队时逞凶。

苏军参战坦克主要是 9.8 吨的 T-26 和 13 吨的 BT-5 快速坦克，都装配 45 毫米口径炮，装甲都在 15 毫米以下，火力略强于日军坦克，机动性却比较好。苏军的 T-28 中型仅有少量投入战场试用，坦克重量为 31 吨，装配 76 毫米口径炮并有 50 毫米前装甲，同日本坦克相比人称"犀牛对绵羊"。苏军投入的坦克数量多日军几倍，且因年产量超过 4000 辆可迅速大量补充，此时日本国内坦克年产量才不过300 辆。

日军派出坦克部队时缺乏足够步兵掩护，命令伪满兴安警备军组建一个骑兵师跟随。在西满的兴安警备军司令甘珠尔扎布少将是蒙古王爷之子，毕业于日本士官学校，经关东军介绍同臭名昭著的女间谍、清朝肃亲王之女金璧辉（日名川岛芳子）结婚，当然这段"满蒙联姻"的政治作秀很快就名存实亡。甘珠尔扎布等人调集来蒙古族、达斡尔族的骑兵，连营团指挥者多数为日本军官，还有少数毕业于日本军校的蒙古人，关东军派来即将退役的野村登龟江中将担任师长。这个临时建立的 4700 人的"兴安骑兵师"上阵时，官兵大都不相识，语言又不通，许多士兵听到外蒙古军的召唤还前去投奔，根本就没有多少战斗力。

日军安冈支队由火车运到阿尔山，然后在泥泞的临时道路上行

▲
苏军 BT-5 快速坦克是参加诺蒙坎之战的突击主角，性能胜于日式坦克。

军到达诺蒙坎，途中出现不少车辆故障。负责战场总指挥的小松原道太郎见各部队到达，从7月1日起向哈拉哈河东岸的苏军发起步炮兵联合攻击，并以飞机在空中掩护。头一天正面进攻没有多少成效，日军便根据日俄战争的经验，决定发挥自己的两项制胜法宝——夜袭和迂回对手后方。

7月2日晚，诺蒙坎地区天降大雨，安冈支队以八九式、九五式坦克共40余辆并配以牵制车、装甲车隐蔽迂回至苏联炮兵阵地侧翼。在电闪雷鸣的瓢泼大雨中，日本坦克开足马力高速前进，在茫茫雨雾中没有迷路和掉队，黎明时突然出现在苏联的炮兵阵地前。这一行动，说明当时日军坦克的性能在国际上虽不算好，乘员的技术水

平还不错。

苏军对这一袭击事先无防备，122毫米榴弹炮临时调转炮口也未打中快速冲来的坦克，这种炮反而被日军击毁了12门，还有装甲车12辆、卡车20辆被击毁，日军仅损失了一辆九五式坦克。接着日军步兵在正面发起攻击，一部也突入苏军阵地。不过上午天气转晴，苏军出动坦克并在哈拉哈河西岸以重炮支援，飞机也来轰炸扫射。日军正面冲锋被打退，安冈支队因弹药不足也后撤，结束了第一次也是唯一的一次成功作战。

在正面进攻的同时，小松原道太郎率第23师团两个联队并附第7师团一个联队，加上配属分队共1万多人，利用7月2日的雨夜渡过哈拉哈勒河到达西岸，想迂回苏军后方。过河后，蒙古人民军一个骑兵师（仅1000余人）前来阻击，只暂时在巴音查岗迟滞了日军。

朱可夫得知有一支日军过河迂回到自己侧后，马上命令第11坦克旅向其攻击。这个旅只有1500人，却有坦克150辆和装甲车150辆。当徒步和马拉炮的日军发现对面出现一支烟尘滚滚而来的装甲洪流时，马上惊恐不已，一些受惊马竟拉着炮乱跑冲乱了队形。日军毕竟还很顽强，短暂混乱之后马上分散队形依托山坡和沙丘，用所带的几十门37毫米口径反坦克炮射击装甲目标，还用一些士兵拿着炸药包、集束手榴弹冲上去与坦克和装甲车同归于尽。

这种钢铁同皮肉的搏斗，不可避免地很快形成一边倒，苏军坦克、装甲车采取一面缓缓前进，一面射击日军的方式，逐步消灭巴音查岗一带的日军。苏军的一个坦克连还冲到第23师团部旁边。小松原

▲

日军拖拉四一式山
炮（配到团一级也
称联队炮）到前沿
进行炮战的画面。
该炮火力弱，难以
压制对手。

道太郎和司令部人员无法抵抗，只好拔出军刀准备剖腹自杀。幸亏日军一个速射炮中队赶到，用 4 门 37 毫米炮同苏军对射，击毁了 7 辆坦克和装甲车并迫使余者后撤，自身也被击毁 3 门炮。

小松原道太郎侥幸保住一条命，却明白打到明天自己的部队肯定会全部被苏军消灭。日军勉强坚持到天黑，苏军坦克因缺少步兵掩护暂时后撤。此前苏联飞机虽来轰炸浮桥，因日军高射炮的猛烈射击而只在高空投弹，未能命中目标炸断浮桥。残余日军便在黑暗中迅速过桥逃回河东，师团参谋长大内少将却在撤退路上中炮身亡，成为日军在此战中丧命的第一个将军。

这次日军渡河迂回有 3000 人丧命，还有差不多同等数量的人负伤，第 23 师团大伤元气。朱可夫因巴音查岗这一仗信心大增，从此更重视坦克的作用。

7 月 4 日拂晓，当小松原道太郎率残部逃回河东时，安冈中将又率 87 辆坦克向苏军的河东阵地发起进攻，苏军投入超过 100 辆坦克和大量装甲车迎击，双方就此进行了世界战争史上第一次大规模的坦克交战。

在白天无遮蔽的草原进行坦克交锋，苏军装甲优势得到充分发挥，日军第 3 装甲联队的联队长吉丸清武大佐乘坐的头车首先被击中，当即车毁人亡。日军坦克队形大乱，有 40 辆很快被击毁，其余的车慌忙开到沙丘后躲避，37 辆轮式装甲车因机动不便全部被毁。此时因日本飞机支援和炮兵掩护，苏军坦克停止追击，剩下的日军坦克才能逃回。

经过这一次坦克战，日军再不敢同苏军进行正面装甲交锋。在随后三天阵地交锋时，日军坦克只是分散在步兵后面充当火力点，结果因为装甲太薄都挡不住较大的弹片，在对面炮轰下损失也不小，同时也发挥不出应有的装甲突击作用。

▲

苏军 T-26 轻型坦克虽保护力差，在对日军攻击时密集使用也发挥了威力。

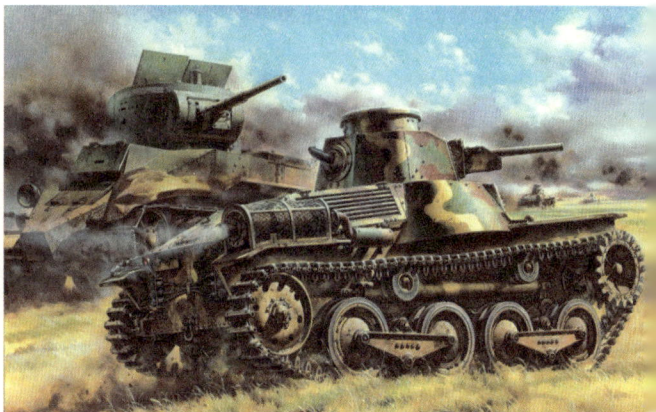

▲

日军自吹其九五式轻坦克击毁苏军 T-26 坦克的油画，其实九五式性能不如 T-26。

气急败坏的小松原道太郎连遭惨败，经补充兵员后又集中起2.4万兵力，想发挥自身最后的优势——夜间进攻。早在日俄战争时，日军就因注重夜战训练而以此屡屡战胜俄军，后来在夜训中甚至练就了"斜眼"夜视力。其原理是眼球侧面夜间感光细胞更多，此时用斜眼看得更清楚，这使日军在没有夜视器材的年代拥有了超过苏军的夜战能力。

7月6日夜间，日军步兵在炮兵掩护下向苏军阵地冲击，苏方的炮兵和坦克在黑暗中不便瞄准，步兵近距离射击和肉搏也不如日军，只好放弃一些前沿阵地后撤。此时日军因草原缺水而后方运输跟不上，许多士兵嘴唇干裂渴得几乎发疯，缴获到苏联马克沁水压重机枪后就争抢去喝掺有机油的冷却水。

▶
日本所绘的在诺蒙坎交战中以步兵同苏军坦克搏斗的自吹画，其实苏军坦克主宰战场后日本步兵完全陷入绝望。

7月7日天一亮，苏军马上利用火力优势和坦克掩护进行反击，夺回了夜间丧失的阵地。这天夜间日军继续夜袭，苏军却吸取了经验，前沿只留个别警戒人员。当日军冲上阵地后，苏军突然打开了车载探照灯，几千发照明弹也先后升空，然后用炮火猛轰，使密集"猪突"

式冲击的日军死伤惨重。第三天白昼，苏军再以反攻收复阵地，晚间待日军再攻时又照此方式回击。经过连续三个晚上夜袭，日军伤亡5000多人（其中阵亡超过2000人），苏军伤亡不到日军的六分之一。

7月9日，关东军参谋长矶谷廉介中将赶到前线，决定停止进攻，要求以重炮火力压制苏军。他和幕僚们经研究认为，安冈支队的坦克已损失大半，何况坦克昂贵还远不如"肉弹"便宜和实用。次日，第一战车师团的"安冈支队"在参战仅一周后就奉命撤回，自此日军在战区没有了坦克，也打消了发动大规模攻击的念头。

▲
日军向诺蒙坎附近调动部队主要还是靠传统步行，这处于非常不利的地位。

◀
苏联所绘的炮兵火力压倒敌军的宣传画。

为实施炮战，关东军将一半左右的重炮兵调到诺蒙坎，包括驻旅顺的重炮兵第3旅团，由关东军炮兵司令统一指挥。日军近200门重炮中，骨干是射程18公里的150毫米口径榴弹炮，在观测气球的校正下，从7月22日起同苏军展开炮战，第一天就打了2万多发大口径炮弹。苏军也调来大批火炮，其152毫米口径的加农炮射程达30公里。哈拉哈河的河岸又是西高东低，便于苏方瞄准，发射的炮弹量还高于日军一倍。只经过三天炮战，日军就支撑不住。此时苏联航空兵在空中也占优势，步兵在优势火力掩护下一再向日军阵地冲击，关东军只得决定停止炮战，全面采取守势。

苏军总攻获大捷，关东军从此患上"恐苏症"

苏军取得初胜后并未满足，又想发动大的攻势，为此在7月15日将第57军扩编为第1集团军，朱可夫任司令员。其下属兵力七个师，还有四个坦克旅、四个机械化旅，作战兵力约7万人，并附有蒙古人民军1万余人，再加炮兵和后勤部队，总兵力达10万人。

8月初，日军把诺蒙坎地区的部队统编为第6军，由荻洲立兵中将指挥，下辖第23师团全部、第7师团大部、第8守备队（旅级）和调来增援的第1、第2师团各一部，加上各炮兵部队、后勤部队共有日军8万人、伪满军1万人。

此时苏日双方兵力相差不多，苏军却有498辆坦克、346辆装甲车，542门火炮，515架飞机，因机动性强可集中优势力量打日军一部。

日军主要靠徒步在草原上行动，调动缓慢，在缺水炎热的环境中又疲惫不堪。加上日本一线作战部队已经丧失了制空权，白天只能分散守在前沿工事中难以调动，完全陷入被动挨打的状态。

关东军为扭转战局，秘密派出代号"七三一"的细菌部队，想用这种国际公法禁止的罪恶手段让对手患病丧失战斗力。部队长石井四郎派出22人组成敢死队，携带装有各种细菌的容器，到哈拉哈河上游施放鼻炭疽、伤寒、霍乱、鼠疫等细菌溶液共22.5公斤，漂向有两军对峙的下游河岸。日军为严格保密，事先只通知一线部队为保证健康不能喝河里生水，有些日本兵却因干渴难耐不顾命令而去饮水，许多人马上患病并在部队内传染了数以千计的人。关东军军医部战后统计，作战期间有1173名官兵因不明病因死亡，估计绝大部分都是自己细菌战的送葬品。

▲
日本细菌部队在秘密行动的照片。

苏军因得到中共在满洲情报系统的报告，知道日军可能使用细菌武器，建立了长数百公里的输水管道，部队在前线不饮用河水，一直未出现传染病。

石井四郎之流的此次撒菌行动，是人类战争史上首次直接在战场上使用细菌武器（一次大战时德国只向英国后方投放过），日军未能害人反而害己。他们由此得出的结论是这种武器不适宜在作战前沿使用，而应向对方纵深投放。

日军自感技穷后，从 7 月下旬就让前线部队大修掩体等工事，只求守到 10 月份。届时冬季来临，在没有房屋的草原上双方都无法坚持，就只能撤军。苏军却根据斯大林的要求准备攻势，朱可夫又决定集中兵力重点歼击目标已受过重大打击的第 23 师团。苏军还故意发出日军能破译的要求运送修筑工事材料的电报，这导致对方误判自己也要采取守势。

8 月 20 日，这个星期天是日军部分军官的休息日，苏军出动 5.7 万人在飞机、重炮的火力掩护下，以坦克为先导发动突然进攻。进攻部队在当天就楔入敌方阵地，并在一些空隙处达成深远突破，不过日军已构筑了大量隐蔽工事，藏在那里以火力杀伤攻击的苏军步兵，并以"肉弹"的自杀式方法拿炸药包同坦克拼命。苏军只得缓慢前进，并以喷火坦克逐个消灭日军的火力点，经三天攻击才基本形成对日军第 23 师团的合围之势。

▼
表现诺蒙坎之战后期苏军总攻的绘画，此战苏军重创日本关东军。

8 月 24 日，日本第 6 军实施反击，因火力居劣势且缺少装甲力量，只能在夜间苏军坦克后撤时以步兵出击，取得的一点进展到天亮后又马上丧失。8 月 26 日，日军第 23 师团残部数千人被苏军彻底合围，下属各联队长也都战死，外面的日军也只能自守阵地无力去援助。辻政信曾自告奋

勇要带敢死队去救援，被当时
的关东军第 6 军司令官荻洲立
兵斥回。

8 月 31 日入夜后，小松
原道太郎利用苏军夜间对包围
圈封闭不严，率 400 余人突围
到达己方主阵地，这些幸存者
也多半带伤。后来的苏军战报
和朱可夫的回忆录称消灭了日本第 6 军，这是一种夸张说法，只是
日军第 23 师团除留一面象征性存在的军旗外基本已覆没。

当时斯大林敢下决心对日军发动攻势，从国际背景看又是因德
国表达了缓和意愿。8 月中旬，德国为了消灭波兰并准备同英国和法
国开战，以外交渠道试探同苏联和好。8 月 20 日，希特勒亲自致电
斯大林提出派外长李宾特洛甫到莫斯科谈判签约，马上得到因英法
拒绝结盟而感到孤立无助的苏联回应。8 月 23 日，《苏德互不侵犯
条约》在莫斯科签订，双方在附加的密约中还划分了在东欧的势力
范围。

希特勒同苏联签约时，事先没有同日本打招呼，说明根本看不
起这个反共盟友。这一条约签订的消息公布后，东京方面如同听到
晴天霹雳，深感处境狼狈的平沼骐一郎内阁因外交失败宣布辞职。
日本大本营就此感到，苏联目前没有了两线作战的威胁，可以集中
力量对付自己，在当下前线失败的情况下最好能争取停战。

斯大林在局部战场上取胜后，也感到应适可而止，因苏联还不具备彻底打垮日本的实力，若进攻满洲可能陷入长期战争。这位领导人也清楚，希特勒领导下的纳粹德国仍是苏联的最大敌人，签约只是想暂时稳住自己，教训了日本后还是应以主要力量准备对德作战。

日本关东军在惨败后并不甘心，仍想以"夺回战场遗尸"为理由再调主力师团打一仗，若能打成平局也可挽回点面子，为此关内还调来陆军最精锐的第5师团。9月3日，大本营却命令停止一切作战，并在莫斯科同苏联开始谈判。苏联以胜利者的状态故意拖延了一段时间，9月16日双方签订了停战协定，约定双方部队在冬季来临前都从这片荒凉无居民的战地后撤。

战役结束后，朱可夫以胜利者身份回到莫斯科，斯大林首次接见了他并询问了战况。朱可夫如实地汇报说，日军下级官兵作战极为顽强，上层却呆板僵化，除飞机外的其他武器装备都很落后，总体战斗力不如苏军。斯大林听到这些报告非常满意，将这位军界新星提升为大将，并从此作为作战的倚重对象。

诺蒙坎一战，被日军陆军内部认为是自明治建军后第一次战败，战后关东军司令植田谦吉等人都被解职。第23师团长小松原道太郎被勒令退伍转为预备役，自感屈辱而于1940年剖腹自杀。那个在司令部和前沿两边插手的参谋辻政信以"戴罪之身"被赶到武汉，在第11军被安排了管军纪的闲差。不过军部仍有人赏识这个"军神"，在后来进攻马来西亚、菲律宾、瓜岛和缅甸时又让辻政信去谋划，战后此人为逃避盟军追捕又隐名到南京为国民政府效力过一段时间。

战时日军为掩饰败绩，在内部资料中也经常弄虚作假，只记录诺蒙坎

▲

苏蒙军在诺蒙坎获胜后阅兵时的检阅台上的照片，右为乔巴山，中为朱可夫。

之战阵亡 7600 人、负伤 8600 人、失踪 1020 人，战后多年间有些书籍还引用这一数字。仅从参战部队损失看，这一数字就不合实情，如经前后补充兵员超过 2 万人的第 23 师团已损失殆尽，第 7 师团也损失大部，第一战车师团、第 8 守备队和其他增援部队也有不少伤亡。

由于日本靖国神社要对每个阵亡者进行祭祀，并标明战死地点对家属说明，那里的数字比较准确。1966 年 10 月 12 日，东京举行了规模很大的"诺门罕（日语如此称）事件战殁者慰灵祭"，在参战阵亡者家属参加下查对了灵牌，得出了 18868 人的死亡数字，并见诸日本报端。至于日军伤兵，当年各军医院的统计就超过 2 万多人，如此看来伤亡总数超过 4 万人。至于伪满军一触即溃伤亡不到 2000 人，逃散却有几千人。日军虽要求官兵死战不许投降，苏军还是俘虏了 480 人，战后交换时遣返 200 余人，其余的人害怕回去遭迫害而留在苏联。当年苏军战报宣布歼灭日满军 5.2 万人，看来还不算夸大。

苏军在战时很少公布自身损失，据后来俄罗斯解密的档案证明，诺蒙坎一战中苏军死亡、失踪共 9700 人（失踪者中有部分是逃兵），负伤约 1.6 万人。日军共俘虏苏军 82 人，交换战俘时遣返了 78 人，后来知道有 4 人被送到"七三一"部队作为细菌试验的牺牲品。

诺蒙坎之战，无疑是苏军的一次重大胜利，日俄战争后俄国人的畏日情绪就此得到扫除。日本陆军经此一败，其头目在后来的研讨中都认为装备和火力不占优势就不可贸然攻苏，"北进论"一时沉寂而让位于"南进论"。

从国际全局看，斯大林决定在诺蒙坎狠狠教训一下日本，确属战略上的精彩之笔。这一仗对中国抗战是一个不小的帮助，使日本不得不在关东军内保持大量精锐部队防备苏联而不能抽调入关。日本在诺蒙坎遭受意外惨败，一贯骄狂的军方头目和少壮派对苏军倒是产生了畏惧的心理阴影并久久难消，直至 1941 年德国进攻苏联时都没敢再贸然行动，这倒是让苏军避免了两线作战的危局。从这点看，此战确实是影响了第二次世界大战的格局。

五

远东苏军由防守转为准备总攻

苏军经诺蒙坎一战，显示出陆战、空战能力都高于日军，斯大林对东方安全有了自信，便把注意力转到苏联的战略重点东欧方向。远东苏军却仍保持"优势防御"姿态，兵力和武器的配备数量都要超过日军。1941年4月，斯大林在德国威胁下，为了避免两线作战，不惜牺牲政治原则签订所谓"中立条约"想稳住日本，对方随后却进行"关东军特别大演习"准备进攻苏联。终因世界形势变化，日本把攻击矛头由北进转向南洋，苏军却在对德作战取得决定胜利后准备对日作战，又通过《雅尔塔协定》索要到不少权益，最终变成了苏联主动向日本发起攻击。

▼
卫国战争结束后苏联军官在远东边境研究对日作战的画面。

达成《苏日中立条约》却未能阻止日本准备攻苏

1939 年 9 月 17 日，苏日达成停战协定的第二天，苏军就越过波兰边界，按照苏德互不侵犯条约附加的密约划分，进占波东部地区。选择这个日子出兵，除诺蒙坎战事结束，主要是因波兰政府惧于德军进攻而于 9 月 16 日逃出国境，苏联就能以"保护"乌克兰和白俄罗斯同胞的名义进驻那片已无政府管辖之地。

为扩大所谓"安全圈"，苏联又出兵爱沙尼亚、拉脱维亚、立陶宛，随后宣布将这三个波罗的海国家纳为自己的"加盟共和国"，还在北面同芬兰开战，在南面进占罗马尼亚的比萨拉比亚地区，获得了有 2500 万人口的"新国土"。在此期间，远东苏军数量也增加到 70 万人，编有 40 个师且齐装满员（在欧洲的部队还都是减员配备），仍处于临战状态。

1940 年 6 月，德国在占领挪威、比利时、荷兰后又迫使法国降服，日本军界在内部大呼"德国人干得太漂亮了！"他们认为英美无暇东顾，7 月间就出兵进入法国控制的印度支那，还想占领荷兰殖民地"东印度群岛"（即印度尼西亚），又觊觎英国占领的马来亚和新加坡。日本实施"南进"战略后，在中国战场就维持战略相持状态，对苏联也采取守势。

1940 年 9 月，德国、日本和意大利缔约结成轴心国，这震动了过去奉行"孤立主义"的美国，也影响到中国内部形势和中苏关系。

美国罗斯福政府一面扩军备战，一面又积极利用中国牵制日本，自1940年起对华提供贷款，并很快在数量上超过苏联。蒋介石开始疏远苏联，1941年初又发起进攻新四军的"皖南事变"。这时苏联驻华大使潘友新和武官崔可夫又面见蒋介石，表示不能提供武器帮助国民党打内战。同年6月苏德战争爆发，苏联援华最后停止并撤走兰州等地的供应训练基地。

自1940年6月法国沦陷后，斯大林就料到德国将掉头攻苏，不过对开战的时间判断错误，认为德国要在进攻英国之后，因此最快也只能在1942年。此时他在远东想对日争取缓和，让其在苏德开战后保持中立。

1941年春天，日本对美国的关系已趋于紧张，多数军政要人想专心南下而避免对苏开战，不太想履行与德国共同攻苏的约定，何况日军在诺蒙坎败绩时希特勒还抛弃过自己。4月13日，日本外相松冈洋右访苏时表达了改善关系之意，双方马上签订了《日苏中立条约》。

这一条约有效期仅五年，其中心内容是："如果缔约国一方成为第三者一国或几国的战争对象时，缔约另一方在冲突过程中保持中立。"

1941年美日矛盾激化，日本的杂志以"太平洋压制"作为主题。

　　抛开外交辞令，最直白的意思就是：如苏德开战，日本应保持
中立；如日美开战，苏联应保持中立。

　　斯大林为缔结这个中立条约，还背弃了一贯坚持的政治原则。
日本占领满洲后，苏联一直指责是侵略行为，称伪满洲国是傀儡政权。
苏日两国政府在签订中立条约后发表的"联合声明"却宣称，苏联
尊重"满洲国的领土主权完整"，日本"尊重蒙古人民共和国的领
土主权完整"，这对于正在进行抗日战争的中国明显是政治上的背
叛行为。当时中国国民政府就此声明，所谓"满洲国"与"蒙古人
民共和国"都是中国领土，并向苏联提出抗议。苏联也自知这一声
明在政治上理亏，同日本的联合声明只对外宣布，国内报纸都不刊登，
事后又只提条约本身而不再提那个"联合声明"。

　　苏日两国签订中立条约后，斯大林亲自主持宴会为日本外相饯
行。当宴会结束松冈洋右告辞时，斯大林突然提出要亲自到车站送行，
到了站台上又主动与松冈拥抱、亲吻。这一极为罕见的举动，是斯

大林当政期间对任何一国首脑和政府官员都未有过的破例接待。如此厚待作为苏联敌手的日本外交代表，只能说明斯大林内心急于避免两线作战，不过这种为眼前利益牺牲政治原则之举事后证明并无实际作用，还在国际上造成了很不好的影响。

惯用外交欺诈手段的日本政客，自然不可能被斯大林此举打动，松冈还将其视为心虚的表现。当然，《日苏中立条约》后来确实被苏联单方面废止，日本当局从一开始也没有打算遵守，后来未进攻苏联只是考虑实力对比，而不是在乎那张纸。

这一互相麻痹的条约签订后才两个多月，1941年6月22日德国就进攻苏联。6月26日至28日，日本政府和大本营召开联席恳谈会讨论如何应对，刚签过约的外相松冈洋右就提出："本人主张北进，并想通知德国。"松冈和其他一些高官认为苏联很快会崩溃，想乘机抢占远东和西伯利亚，然后再同美国在太平洋争斗也更有底气。日方高层多数人却感到陆军多数兵力已陷入中国，攻苏的兵力和武器都占不了优势，如不能胜利还会深陷于北方冰天雪地之中，主张待德国打败了苏联再来摘北方那个"熟柿"。

此时苏联对远东形势也倍感紧张，知道中立条约靠不住。苏联驻日大使连天到日本外务省探询态度，并没有得到什么明确答案。7月13日，那个主战的松冈外相会见大使时竟露骨地说："我认为，《日苏中立条约》不适用于目前的战争。"这种表态，等于公开表示要抛弃中立条约。

7月上旬，日本陆军为准备对苏进攻而向满洲调兵，进行了规模空前的"关东军特别大演习"（简称"关特演"）。在"参演"的名义下，大量部队从本土和中国关内调来，包括日军的绝大部分坦克机械化部队。关东军由此发展成为"总军"，建制由方面军变为一个方面军群，下属两个方面军并分别在牡丹江和齐齐哈尔这两个战略方向。这个"大关东军"的兵力，由 12 个师团、35 万人一举增加到 14 个师团、85 万人。其中有些师团实行"超强"编制，下辖十余个联队（团），兵力达 5 万人以上。日本的朝鲜军 10 万人和库页岛、千岛群岛上的

▲
"关特演"时日军准备对苏作战的宣传。

◀
日军关东军进行"特别大演习"的情形，行驶的是九五式轻型坦克。

部队也进行了战备动员，约有 100 万部队进入对苏临战状态。

面对"关特演"，苏军在德军进攻下出现大败退时也不敢从远东调动主力，还将当地兵力扩充到 120 万人。从 7 月下旬至 10 月间，远东苏军在国境线上挖了大量反坦克壕，甚至布设了地雷场，部队还进入前沿战壕进入临战状态。

日军攻苏的姿态随后没有变成现实，并非由于日本首脑讲信用，而在于他们对战争形势有了新判断。从 7 月中旬开始，苏军在西部的顽强抵抗显示出德军"闪击战"不能速胜，远东苏军又没有西调并且在扩编。对日本来说，北进要进行规模远超诺蒙坎的恶战，而上一场仗因武器装备差而被痛击的事实也刚过去不久。此时日军的坦克、飞机和火炮数仍远逊于远东苏军，例如坦克是以 400 辆对 2500 辆，兵力也不占优势，开战后很难获胜。

日本此时最缺乏的是石油资源，其高层研讨后认为，就算北进能获胜也得不到急需的油田、铁矿等，南进则可取得急需的石油、大米和稀有矿产。1941 年 8 月 9 日，日本大本营陆军部下达的《帝国陆军作战纲要》中最后决定，"年度内放弃解决北方的企图，专心集中于南方。"

进入 9 月份以后，参加"关特演"的少数日军精锐部队就没有按满洲的气候下发冬装，反而配备热带作战的装备。此时日本陆军只有第 1、第 2、第 5 这三个师团实现了机械化，在"关特演"结束后只有第 1 师团继续留满洲，第 2 师团从大连乘船南下，第 5 师团也向海南岛集结，进攻目标已定为马来亚和菲律宾。

▲
1941 年秋季以前担任日本近卫首相秘
书的尾崎秀实，他是苏联佐尔格小组成
员，提供了极为重要的情报。

▲
民主德国发行的纪念佐尔格的邮票。

　　日本最高决策层的这一极为机密的决定，很快被德国驻日使馆
中的苏联情报员佐尔格得悉。他主要是通过尾崎秀实获得的情报，
因为尾崎秀实是日本首相近卫文麿身边的秘书。在感到自己即将被
日本秘密警察发现前，佐尔格用电台向莫斯科传递了情报。参加了
中共组织的日本情报人员中西功，也向延安报告日本关东军已调兵
准备南下。

　　那位 1944 年在日本绞刑架上牺牲、20 年后才被追授"苏联英雄"
的德共党员佐尔格以及日本反法西斯战士尾崎秀实的情报，这次没
有像不久前预告德国将"闪击"苏联那样被忽视，斯大林相信了日
军不会攻苏。同年 10 月，当德军逼近莫斯科西郊，斯大林决定将苏
联远东军 20 余个精锐师调往西线。冬季来临后，这些受过寒区训练

的部队向仍身着夏服的纳粹军队发起了猛烈进攻，使得德国中央集团军群的精锐之师在横扫欧洲后第一次狼狈地在冻土上向西败逃。

1941 年 12 月 7 日，日本海军袭击美国在太平洋的主要基地珍珠港。次日，美国、英国对日本宣战，日军的战略重点转到南方。不过关东军的主力还在满洲，远东苏军多数精锐师调走后，苏联很快又组建了更多新的师填补空缺。据俄罗斯档案证明，1942 年内远东军的兵力达到 125 万人，一些经过西线残酷战争锻炼的军官们又被派到远东，替换了那些缺乏战争经验的指挥员，对日军防御性的战备仍在进行。

▲
海军画家周补田的油画《偷袭珍珠港》，表现了日本发动太平洋战争开始进攻美英。

东北抗联帮助苏军侦察搞清关东军部署

日苏在诺蒙坎之战后近六年虽没有再开战，边界上始终是剑拔弩张的状态。中国共产党领导东北抗日联军余部撤入苏境后，又成为苏军对日本进行牵制和侦察的重要力量。

1941 年 4 月，因《日苏中立条约》签订，苏联一度禁止退入其境内的东北抗联余部再返回对日进行游击战。不过两个多月后日军举行"关特演"，苏军马上安排抗联人员进行跳伞训练，准备将其空投回中国东北内地以牵制日军。因苏日战争没有爆发，东北抗联的剩余人员在苏联境内被编为教导旅，进行整训并担负侦察任务。

教导旅在苏联称为国际红军第 88 旅，按苏军标准供应并授予军衔。全旅有 1000 多人，原东北抗日联军第二路军总指挥周保中任中校旅长，李兆麟任少校政治副旅长，崔石泉（即崔庸健）任少校参谋长兼中共东北委员会书记。金日成、王效明、许亨植、柴世荣分别任该旅第 1、第 2、第 3、第 4 营的大尉营长，

▲

抗联教导旅的王一知少尉（周保中夫人）1941 年夏天在苏联首次跳伞后在胸前别上跳伞纪念章的照片。

◄

东北抗联领导人周保中（左四）同苏联军官们在一起。

其中第 1 营全部为朝鲜族战士。

当时苏联为掌握中国东北的情况，在东北内地主要依靠伪装为白俄的谍报人员和中共地下组织提供情报，在边境则主要依靠东北抗联的人员越境武装侦察或化装成劳工、当地居民实地侦察。从1942 年至 1945 年初夏，抗联以小分队或单个人不断出入中苏边境，基本上搞清了日军在边境的 17 个筑垒地域的布防情况。1945 年夏苏军出兵东北时，攻击日军筑垒的前线部队连以上军官都发给了日军防御工事的大致标图，从而大大方便进攻行动。

► 在苏联远东野营中准备反攻回国的东北抗联战士，此时还穿苏联军装。

在执行这些危险性极大的侦察任务时，有一些东北抗联战士牺牲。返回东北境内的小分队经常活动很长时间，侦察敌情并联系部分失散人员，因自身携带的粮食有限，还在一些人烟稀少的僻静地区开垦了部分荒地种植粮食，收获后储藏起来作为补给基地，因此有的分队能独立地在东北腹地坚持一年多的活动。东北抗日联军的这些侦察战斗活动始终持续不断，不仅及时掌握了日本关东军的动向，也表明了中国东北境内一直有中国共产党领导的武装在战斗。

苏联对东北抗日联军虽提供了帮助，却也只顾本国利益而违反了国际主义原则。原来中共东北党组织由驻共产国际的中共代表团领导，1940年春因任弼时等人回国，这个代表团撤销。此后中共东北委员会一再向中共中央提交报告并请苏方转交，并希望能得到中央指示，却没有回应。尽管苏联同延安一直保持频繁的电讯联络并时有飞机来往，却一直不肯帮助建立东北抗联同中共中央的联系渠道，目的就是将这支武装变成自己指挥的一支特种部队。

抗联教导旅由于得不到中共中央指示，为照顾抗日战争的大局，在某些方面服从了苏方安排，不过仍决定内部事务由自己决定。中共东北委员会对苏方的要求，要经自己研究后再决定是否同意，还是保持了组织上的独立性。

在1942年入冬以前，日本关东军还一直等待德国打垮苏军主力，等待远东兵力空虚后发起进攻，多数兵力长期在前沿部署。例如在哈尔滨北面靠近黑龙江边界线一个小小的孙吴县城，驻军最多时达10万人，超过县城居民10倍，以至于关东军内部都称"小小的哈尔滨，大大的孙吴"。面向海参崴的边境东宁县内，日军驻扎兵力最多时也达 7 万人，时刻准备越境攻击。

关东军为配合正面对苏作战，又利用其长期豢养的谢苗诺夫等白俄头目出面，从东北各地尤其是哈尔滨的近 10 万俄国人中搜罗反共分子，建立情报网，并不断派人越境进行侦察。1938 年夏，日军还组织了几千名俄国人建立一支特种部队，以头目浅野诚的名字命名为"浅野支队"，准备开战后就将他们派到苏军后方进行侦察破坏活动。

▲
日本关东军利用白俄建立的"浅野支队"的照片。

日本为准备攻苏，还大力进行战备建设，为运兵修建不少铁路。1931 年九一八事变之前，全满洲铁路总长为 6140 公里，至 1942 年总长已达 1.37 万公里。其中通向"苏满边境"的铁路一昼夜可通行 90 列火车，成为运输兵力的骨干。

从 1934 年起，日军又耗时 11 年，修筑了号称"东方马其诺防线"的"苏满边境筑垒地域"。这里共建立 17 个筑垒地域，防御地段长达 1000 公里以上，共有 8000 个永备工事，许多要塞如虎头、东宁、海拉尔等还基本实现了地下化。日军在中国东北修建了 20 座大型空军基地、133 处机场，战机容量达 6000 架飞机以上。为修建这些浩大的工程，日军至少使用了抓来的几十万民工（还包括一些战俘），

筑垒完工后为保
密又将参加修建
的劳工秘密杀掉，
后来在这些筑垒
区附近差不多都
能找到"万人坑"。

日本关东军
修筑堡垒时，是按照"进攻第一"的指导思想，多数工事位置紧靠
国境，只打算作为攻击部队出发的掩护阵地，纵深工事很少。这种
部署就有一个致命弱点，那就是苏军一旦突破了边境防御的"硬壳"，
就可长驱直入柔软的"内腹"。

1943 年 2 月，日军在太平洋的瓜岛战败，同时苏联在斯大林格
勒告捷，轴心国转入守势做垂死挣扎。同月，日本大本营制定的作
战计划规定关东军的部署转为防御，若苏军来攻便采取持久作战。
关东军继 1941 年秋调 3 个陆军头等主力师团去南洋后，1943 年至
1944 年又将留下的 5 个主力师团调往南洋战场和本土，多数二流师
团也调到中国关内战场，新组建的多是装备和训练均差的三流新师
团。1945 年春，按时任日本首相铃木贯太郎的评价，关东军虽有 24
个师团，"只相当过去 8 个主力师团的战斗力，一旦打起来连两个
月都坚持不了"。

关东军在实力不断减弱时，长期仍采取"外围防御"，部队多
数摆在边境上力图守住整个满洲。直到德国战败，日本大本营看到

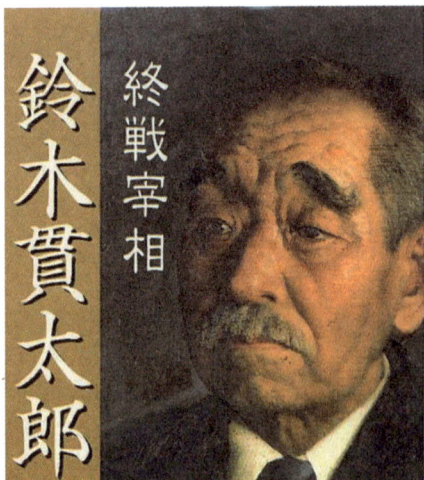

終戦宰相
鈴木貫太郎

▲
铃木贯太郎
（1868-1948），
甲午战争中以鱼雷
击沉"定远"成名。
1945年4月他就
任首相的使命就是
设法媾和。

苏军强大的突击能力，才于1945年5月30日命令关东军守住以长春为顶点，以图们、大连为边线形成的"三角地带"。这一新战略方针，是以日本本土为主战场，以中国东北和朝鲜为辅助战场，并把坚守通化为中心的东边道作为"本土决战"的北部防线，关东军指挥机构也准备迁往通化。

新计划下达后，关东军决定在边境筑垒地域只留下少数国境守备队，将原先位于第一线的主力大部调到二线。

看到日本关东军转为守势并将精锐调走，苏联在1943年以后也将远东兵力部分西调，驻军减少到80万人。尽管自1941年末太平洋战争爆发后美英就催促苏军进攻日本，直到1943年11月美英苏举行德黑兰会议时斯大林才表示同意，不过说明要等到打败德国后。

随着日本在太平洋节节败退和苏联对德连获大捷，斯大林对日本表态也越来越强硬。1944年上半年苏联宣布取消日本在北库页岛的石油勘探等权利，同年11月7日斯大林在纪念十月革命节的演说中公开宣布日本是侵略者。对此日本政府不敢有所表示，关东军在1944年以后还基本停止派遣俄籍特务武装"浅野支队"越境对苏侦察。日本高层人物在御前会议上又异想天开地认为苏联不大可能参战，并决定"应不失时机地利用苏联"出面调停同英美媾和，这种痴心妄想说明其已到病急乱投医的地步。

雅尔塔会议确定出兵条件，苏军向远东大量增兵

苏联考虑军事行动，从来是追求国家利益最大化。美国在太平洋的反攻虽连连获胜，却因有"武士道"精神的日军在绝境中死战，本国的原子弹尚未研制成功并且不知其威力如何，估算进攻日本本土需要付出100万官兵伤亡。美方甚至担心日本政府可能迁都，到朝鲜或满洲继续"抵抗"。此时国民党正面战场在已是强弩之末的日军进攻下又出现豫湘桂大败，罗斯福总统担心中国战场可能崩溃，因而急切地要求苏军参加对日作战。

日本侵占中国东北后，在当地投资并强征劳工，进行了一些工业建设，却主要属于资源开发、加工和修理性企业，并没有飞机、汽车、轮船、机器制造这类基础性工业。以代表工业发展水平的电力和钢产量而论，东北发电量最高为45亿度，日本的本土则达330亿度；东北钢产量（主要在鞍山）为80万吨，日本的本土则有750万吨。从维系统治的居民状态看，日本7500万人口中只有150万人移居中国东北，当地老百姓普遍仇视日伪。有些人夸大了东北的工业水平，甚至认为日本政府可以退到这里顽抗，其实战后日本的资料证明其只有"本土决战"的打算，若东京守不住只打算迁都到西面不远的长野山区。

苏联进攻日本的准备工作，在对德战争快要结束时才展开。据战时任苏军总参谋部作战部部长的什捷缅科大将回忆，当预计消灭

松代象山地下壕鸟瞰图

日本大本营陆军部在长野县松代町象山挖掘的地下工事鸟瞰图，准备在东京被摧毁后将天皇迁到这里。

纳粹只需要几个月时间后，1944年9月斯大林下达命令准备对日作战，并要求总参谋部研究集结兵力及保障物资。经计算，苏军向远东调运部队只有一条西伯利亚大铁路，对德战争的巨大消耗又导致国内物资供应困难。1944年10月，斯大林向美国驻苏军事代表团递交了一份清单，说明为供应远东150万军队需要粮食、燃料、运输工具等80万吨干粮和20万吨燃料油，并希望美方将这些物资用船运到苏联远东港口。

战时苏联的汽车厂大都转产坦克和装甲车，需要盟国援助的最重要物资就是卡车。1945年上半年，美国因有求于苏联，用船只将4万辆卡车运到海参崴等港口，后来苏军进入东北乘坐的多半是美制的"大道奇"。

▲

1945 年对日开战前远东苏军形象：左为
内务边防部队，中为持测距仪的步兵，
右为太平洋舰队水手。

▲

第二次世界大战期间美国援助苏联最重要的物资
是汽车，这是当时有名的道奇卡车。

按苏军总参谋部初步计算，打败德国后大约需要 4 个月准备时
间才能对日开战，斯大林对此不满意，要求总参谋部和红军后勤部
长一起研究修订，最后缩短到 3 个月，这样就能在克里米亚会议中
做出承诺——打败德国后两至三个月就对日开战。

▼

苏联画家法叶诺夫
所绘的油画《雅尔
塔会议》，1946
年作。

1945 年 2 月 4 日至 11 日，在
苏联克里米亚半岛上的雅尔塔前沙
皇避暑行宫里，反法西斯联盟的三
巨头——苏联部长会议主席斯大
林、美国总统罗斯福、英国首相丘
吉尔举行了一次具有重大历史意义
的会议。三方首先划分了欧洲的势

力范围，接着主要研究对日作战及如何分配战争果实，中国的东北又成为交易中一个焦点。

此时英国在亚洲问题上已没有太多发言权，主要是美苏两国进行交易。斯大林同意美国在亚洲起主导作用（包括在中国）并控制战败的日本，却提出了参战的条件是把库页岛（苏联称为"萨哈林岛"）南部、千岛群岛交给苏联，苏联可以使用"不冻港"大连和中长铁路（即中东、长春两条铁路）。

►
描绘美英苏三国首
脑会面的扑克。

美国同意苏联的这些要求，后来被一些人评论为"诱饵"，其实也具有"铁栅栏"的含意，是想把"北极熊"圈在有限地区内，让其承认美国在亚洲和中国占支配地位，尤其是不能让苏联支持中共控制东北。此时苏联因自身在战争中损失惨重，承认战后美国可在中国"起领导作用"。

美苏商议后，英国只能同意，1945年2月11日三国正式签订《苏联参加对日作战的协定》，即《雅尔塔协定》，里面规定的条件为：外蒙古（蒙古人民共和国）的现状须予维持、由日本1904年背信弃义进攻所破坏的俄国以前权益须予恢复（即库页岛及临近一切岛屿须交还苏联，大连、旅顺由苏联租用，并保障中东铁路和南满铁路

的使用权益）、千岛群岛须交予苏联。

斯大林要"恢复"的俄国在中国东北的"权益"，其实是沙皇时代侵华所获得的利益，十月革命后列宁领导的苏俄政府已宣布放弃（那时其实就已落入日本之手）。美国背着中国对此完全允诺，随后又强迫国民政府同意，更体现了强权政治。

蒋介石因担心苏联出兵东北后支持中共控制当地，也拿国家领

1945 年 8 月 14 日，苏联同中国政府签订《中苏同盟条约》。

土权益做交易。1945年6月国民党政府代表赴莫斯科谈判，起初不同意外蒙古独立。当得知苏联出兵和日本要求投降后，斯大林又提醒中共就要进入东北时，蒋介石匆忙同意缔结《中苏友好同盟条约》，完全同意了苏联的要求，换取了苏方承诺战争结束后三个月从东北撤军并将其交给国民政府。

此时日本并不清楚美苏的交易，还对苏联存有幻想。苏方为取得政治上的有利地位需要对日废约，军事上却要实施迷惑，便采取了含糊表态。1945年4月5日，莫洛托夫通知日本驻苏大使说："《日苏中立条约》已经失去意义，不可能继续存在。"对此，苏联向盟国宣传说这一条约已经"废除"，战后也如此解释。不过莫洛托夫的口气并不明确，按《日苏中立条约》规定有效期为5年，如期满前一年不通知对方即自动延长5年。日本官方理解为条约只是"不再延长"而并未"废除"，至1946年4月到期前仍有效。

1945年5月中旬，日本首相和军部召开了"最高战争指导会议"，到会者竟然都认为"苏联由于在战后会和美国对立，不愿意日本太软弱"，只要有利就会出面调停。日本海军还派人到苏联驻日大使馆，提出以当时残余的全部大型军舰即战列舰"长门"、巡洋舰"利根"、航空母舰"凤翔"和五艘驱逐舰来兑换苏制飞机和汽油。因这些军舰已经被美军封锁在港湾中又缺乏燃料，将这些几乎是废物的东西换成有用的飞机和汽油自然合算。

6月29日，日本天皇又向斯大林发了一封密电，提出愿派出日本前首相近卫带上自己的亲笔信去莫斯科，想变盟国"无条件投降"

的要求为"保存皇土"（包括朝鲜、台湾）的"体面和平"。日本答应给苏联的调停酬劳，是让出南库页岛、北千岛群岛和北满权益。

对日本的一系列要求，苏联故意拖延答复态度暧昧。7 月 26 日，美英中公开发表了要求日本无条件投降的《波茨坦宣言》，苏方实际已签署后却不公布。这些做法，都是增加日本的幻想，使其疏于防备，有利于自己达成突然袭击。

在历史上，日本当局一直习惯对他人搞不宣而战的突然袭击，发动日俄战争、挑起九一八事变和空袭珍珠港时都是如此，为什么自己到头来因缺乏戒备被他国袭击？这只能说明当年日本军政首脑的"自负"心理和对世界大势的错误分析占了统治地位，他们终日以谎言煽动普通军人和国民，以致自己也有些相信，确如纳粹德国宣传家戈培尔所说的"谎言只要多次重复就会变成真理"。在这种心态下，他们只会以一厢情愿的极端心理分析形势。苏联即将对日开战，

▼
1945 年 5 月对德战争结束后，苏军从东欧开始向远东调兵，这是在指挥交通的红军女交通兵。

当时国际上已经形成了共识，日本的政要们却还认为可能性很小。

苏联表面敷衍日本时，从1945年2月至7月间实行了横跨欧亚大陆的远途运兵，将70万部队和相应装备从对德国作战前线调到远东。苏方先后共使用了13.6万节车皮，甚至在三个月内都停止民用货运而只实行军运。日本情报部门进行了侦察后的估算，还不到实际数的一半，这只说明监视一方的笨拙和运兵一方的隐蔽和保密手段高超。

1945年7月末，远东苏军总数达156万人，有3个方面军、11个诸兵种合成集团军、1个坦克集团军、3个空军集团军，装备2.6万门火炮和迫击炮、5500多辆坦克和自行火炮，以及3800多架作战飞机。此时苏联陆上作战力量很强，空军飞机虽多却主要是战斗机、攻击机而缺乏远程轰炸机。苏联海军在各军种中力量最差，太平洋舰队只编有2艘旧式巡洋舰、1艘驱击领舰、12艘驱逐舰、78艘潜艇，其性能差，还没有攻击日本残余海军的信心，而把海战任务让给美军。

斯大林委派的远东作战指挥员，没有选择卫国战争中战功最突出的朱可夫元帅和科涅夫元帅，让他们留在德国统兵威慑西方，

而让长期任总参谋长的华西列夫斯基元帅任总司令。这位元帅过去名声不大，派到远东不大会引起国外注意，在这一战场立功又不会有震主可能。

此时日本采取了竭泽而渔的策略，在1945年初又强征250余万"炮灰"，军队总数扩充到713万人，建有五个"总军"（相当于方面军群）。在国内设两个总军准备"本土决战"，海外的340万兵力分成三个总军，即关东军、派遣军和南方军。关东军直辖部队75万人，还有战时指挥的朝鲜境内的第17方面军17万人，另有伪满、伪蒙军15万人。日本对苏作战的部队，还要包括守备库页岛和千岛群岛的8万多人，苏联统计其交战对手总共有120万部队，关东军是需要对付的主力。

据日本方面统计，开战时关东军只拥有可使用的坦克160辆，

美国《时代》杂志上的华西列夫斯基画像，自1943年德黑兰会议起，他便代表苏联同美国商谈对日作战，1945年指挥远东战役。

日本战时用于鼓动的《写真周报》在后期刊登的照片表现了训练妇女的场面，这也反映出国力困窘时绝望的挣扎。

作战飞机 155 架（还有 500 架教练机可勉强投入自杀式作战）。苏联战后公布的统计数字，则称关东军有 1100 多辆坦克，1800 多架飞机，就是算上已不能用的旧品也属过分夸大。

日本陆军同苏军最大的差距，除装备数量外，还在于缺乏机械化战争的经验。日军此前在中国战场进行的基本上是近代化程度较低的运动战和反游击战，在南洋进行的是岛屿攻防战和丛林战，基本上不懂得现代机械化陆战。关东军对苏军的防御，基本还停留在第一次世界大战时阵地防御的水平，不懂得如何抗击机械化部队的大纵深攻击。

在日本上层乞求苏联出面调停时，关东军得到的命令是避免"刺激"苏方，为此减少了边境巡逻，并停止空中侦察。1945 年 6 月，关东军还解散了用于对苏特种作战的"浅野支队"，只留少数人员在特务机关而让多数人回家，这也是担心那些白俄见日本大势已去，会反戈一击投靠苏联。

虽然日本对苏联采取讨好态度，苏军参战迹象却越来越明显，尤其是向远东大量增兵甚至三个月停开民用列车之事已无法保密。关东军头目虽感到战争可能爆发，不过他们按对方运兵量估算，认为开战最早也会在 9 月之后。日军对于苏军的主攻方向的判断，长期预想是牡丹江、齐齐哈尔、黑河这三个容易通行的地段。直至 1945 年春天，关东军部分人提出大兴安岭方向会有危险，不过首脑们仍反应迟钝，也没有制定防御计划。

　　后来的历史证明，苏军对日本关东军发起的进攻，不仅时间上使日本军政首脑感到意外，战役主攻方向也出乎日军的预料，所采取的大纵深、高速度的"闪击战"战术更让对手应对无术。尽管日军对苏作战已准备了多年，开战时仍被苏军的突袭打得措手不及。

六

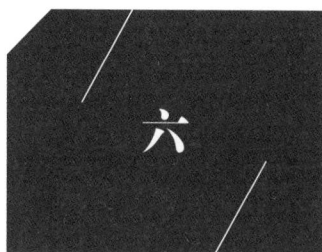

苏军"闪电战"式的突击

1945 年 8 月 9 日凌晨，在中国东北大地上，隆隆的炮声和投弹轰炸声突然响起。此时稳操胜券的斯大林在欣赏电影而将指挥权交给了战区统帅，在大连看过歌舞伎表演后已就寝的日本关东军总司令临时被人叫醒，东北的许多日军官兵也是在睡梦中被爆炸惊醒。苏军的一线突击部队，在 4000 多公里的边境上一起出动，先利用黑暗摸上去消灭对方的火力点，天亮后就有几千辆坦克向广阔的纵深冲去……

▼
李明峰油画《抗联协助苏军挺进东北对日作战》。

苏联虽"宣战"却达成突袭，日本关东军陷入慌乱

苏联对日本开战的时间，根据远东总司令华西列夫斯基元帅原先按部队调动的计算，预定在 1945 年 8 月 11 日，美国向日本投掷

原子弹却催促了苏军提前行动。

8月6日，美国的B -29轰炸机在日本广岛投下代号"小男孩"、爆炸当量近1.6万吨级的原子弹，瞬间有7万多日本居民丧生，又有相同数量的人受伤。接到这一消息，8月7日16时30分斯大林签署命令，要求苏军于9日零时开始进攻。

原子弹首次使用就显示出惊人威力，使美国总统杜鲁门感到靠这种武器就能让日本屈服，对前任罗斯福总统邀请苏联出兵感到有些后悔。斯大林也感到日本可能很快要向美国投降，自己若不抢在战争结束前参战，雅尔塔协定中规定分给自己的胜利果实就有可能到不了手。

后来的历史档案却证明，原子弹对日本投降的影响力并没有想象那么大。听到广岛遭原子弹轰炸，日本天皇和内阁都没有召开会议讨论此事，军方仅要求加强防空措施，天皇只是催促驻莫斯科大使尽快请斯大林出面调停。8月9日清晨，东京得知苏军已经开始进攻，宣战书也已送到，天皇和重臣们彻底绝望，此事才成为压倒日本的"最后一根稻草"。

按苏联的说法，本国是8月8日对日宣战，8月9日才开始作战，是合乎国际道义的"宣而后战"。此说表面看来有依据，因为苏联外长莫洛托夫是在莫斯科时间8月8日16时50分当面向日本驻苏大使佐藤尚武宣布，苏联已加入《波茨坦宣言》参加对日作战。

不过人们不能忽略的是，国际上存在着时差。莫洛托夫通知佐

▲

自1943年德黑兰会议起，华西列夫斯基元帅便代表苏联同美国商谈对日作战问题，1945年指挥远东战役。

藤时，东京已到了 8 月 8 日 22 时 50 分。佐藤大使起草电报后再到莫斯科公共电报局发往日本，东京收到时已是当地时间 8 月 9 日凌晨，苏军在远东时间 8 月 9 日零时（按莫斯科时间还是 8 月 8 日 18 时）已经开始了突袭。

按莫斯科时间，8 月 8 日 22 时苏联塔斯社对外公布对日开战，称当天宣战也没有说错。不过按东京时间，这已是 8 月 9 日凌晨 4 时，中国东北时间是凌晨 3 时，当天零时苏军就开始突袭。以此看来，日本并未得到预警时间，不过这也让惯于搞偷袭的日本体会到了一次"不宣而战"。

苏军通过诺蒙坎作战、苏芬战争和卫国战争的经验，认为对敌大规模攻击的开始时间最好选择在凌晨即"黎明前的黑暗"。此刻对方守军往往在睡觉未进入一线阵地，同时敌方火力点不容易看清和打准自己的突击部队而能减少伤亡。在凌晨较短时间内，己方步兵能快速突破前沿并破坏障碍物，对方又来不及增援，天亮后视线清楚时坦克就能顺利向纵深冲击。

苏军对日军能成功地进行突然袭击，一方面在于调动兵力达成了隐蔽和保密，二是日军还盲目相信苏联不会在此时开战并幻想能出面调停。当时日本高层方寸已乱，关东军首脑部

开战当天，在黑龙江东宁县发起进攻的苏军正越过 1886 年清朝标立的第 21 号界碑。

也处于一种病态式的自我麻痹中。据关东军总司令山田乙三大将后来在战犯审判时称，他在开战前不久才到任，了解到日苏间兵力装备对比后就对抵抗苏军完全不抱希望，只是问七三一部队的细菌武器能否管用，得到的回答也不敢肯定。山田乙三自此便敷衍公务，得乐且乐。8月7日这一天，他还应满铁总裁邀请去大连观看新到的日本歌舞伎慰问演出，临走时也未布置应急方案。在伪满首都"新京"即长春的关东军总司令部内，晚间只有个别军官值班，其他的人都回家睡觉。

在东北的日军两个方面军司令部内，以及前方的军、师团司令部内，思想麻痹的状态也同关东军总司令部差不多。黑龙江、乌苏里江边一线阵地上，日本各守备队基本都未进入一级战备状态，除正常值班的哨兵外大多数人都在宿舍就寝。

据苏军参战者回忆，8月8日深夜之后，乌苏里江和黑龙江东部正好是雷雨交加。8月9日

表现苏军利用夜暗向日军发起突袭的油画。

零时，指挥员发出命令，突击队乘坐的冲锋舟起动，不采用炮火掩护而静静地向对岸疾驶，在日军未察觉时便登陆成功。他们在东北抗联侦察员引导下偷渡过江后，在敌人还未出宿舍时就冲入一线阵

地并夺取了许多要点。

8月9日零时20分，关东军总司令部值班的铃木中佐最早接到前沿电话称："敌于零时起攻击虎头正面监视哨，侵攻满洲领土，有强大后续部队。"他马上报告，总参谋长等人的反应却非常迟钝，前线指挥官更茫然不知所措，遭遇攻击部队只能根据自己的判断应战。

苏军发起突袭时也使用了空军，不过缺乏远程轰炸机，夜间投弹水平也差。8月9日1时，在日军未察觉并没有发出空袭警报的情况下，一批杜-2轰炸机飞临长春上空，以大致估算向关东军司令部大楼的位置投弹，在黑暗中未命中目标，只在旁边公园和马路上引发阵阵爆炸。不过炸弹的巨响等于向长春的日本人发出了宣战书，梦乡中的关东军将校们都被惊醒。

关东军总参谋长秦彦三郎中将赶到司令部后，部下纷纷过来询

苏军的杜-2轰炸机是对日作战时的主力轰炸机。

问怎么办。此人是日军有名的"露国通",多年在苏联担任武官候补校官,又在关东军当过特务机关长。他此时对苏联的意图却判断不清,还幻想可能是局部冲突,未下达作战命令而是急电东京询问,此时日本上层却因出现慌乱迟迟未答复。8月9日上午6时,关东军总司令部与一般老百姓一样,从伪满通讯社广播无线电讯中才知道苏联已对日本宣战。

凡是临近败亡的军队,其头目往往都推诿责任。关东军总司令部遇轰炸后无人下命令,天亮时派飞机到大连去接总司令,让他来决断。当山田乙三冒着被来袭的苏军飞机击落的危险,在长春机场降落并赶回总司令部时,已经时至中午。此刻苏军进攻已有12个小时,关东军还没有应对方针,各部队也得不到指示,有些前沿单位还在猛烈打击下电讯中断失去联系。

开战之时,正值日本关东军处于部署大调整阶段,从6月开始转为以长春为中心的南

日本表现高炮部队夜间抗击苏联轰炸机空袭的画作。

苏联对日开战时任关东军总司令的山田乙三大将。

满重点防御。原来在第一线部署的军队向后调动，却大多尚未进入二线，国境守备部队又大大减少。如在乌苏里江边号称"远东第一要塞"的虎头原有守备兵1万人，这时减少到1300人。苏军发起进攻时，正好赶上日军一线兵力大为削弱、二线部署又未完成的最脆弱时机。

开战当天，日军第一线薄弱的防御到处被突破，只有少数被包围的要塞工事还在坚守。8月9日夜半，关东军总司令部又接到东京新的"大陆命"（即大本营陆军部命令），要求"关东军要把主作战指向对苏作战，以保卫皇土朝鲜"。这意味着只守卫视为"皇土"的朝鲜，而放弃除靠近朝鲜边境的通化以外的全部地区。关东军马上要实行总撤退，而分布在满洲各地的75万部队再加上150万日籍移民想迅速行动，又要冒着对方的地面快速突击和空中轰炸进行，怎么能办得到？

后来人们知道，8月9日清晨东京得知苏联参战，日本的重臣和军部头目在上午都聚集到天皇的地下室中终日举行御前会议，讨论的中心是接受"无条件投降"还是"有条件投降"。这个会议一直开到10日清晨还争执未决，最后由天皇"圣断"，只向盟国提出一项条件即保留天皇统治大权，就可以投降。从8月9日至8月14日，日本大本营一直忙于同盟国谈投降条件，根本顾不上关东军，所下的命令用词含糊，目的是想让其勉强招架一下以增加点讨价还价的筹码。

关东军上层此时不知东京的情况，只是遵命将总司令部迁至通化，并要把那个伪满傀儡政府也带去，因为有些行政命令仍想通过这个工具发布。8月10日上午，山田乙三去长春伪皇宫面见伪满皇帝溥仪，要求他及政府一同迁往通化。溥仪不敢违抗，只推说自己的东西多需要收拾，请求宽限日期，山田乙三只给了两天一夜的准备时间。

▲
仇恨日本侵略者的东北群众积极为苏军当向导。

此时苏军在白天经常空袭，日伪的火车多在夜间行驶。从10日入夜至11日凌晨，关东军总司令部的人员从长春分批登火车迁往通化。8月11日天黑后，伪满小朝廷也乘火车向通化方向逃跑，8月13日才到达目的地。溥仪等人被安置在大栗子沟一个日本矿山主的小楼里，形同难民，关东军也顾不上管他们，伪满政权自此失去日本"传声筒"的作用。

此时关东军头目最优先的安排，是撤走上层的家属，还有日籍高级行政官员及其家人。当普通日本人后来被抛弃在东北或押到苏联服劳役时，大多数中高级将领的家属已经通过火车和轮船回到国内，因此战后的日本人咒骂关东军的首脑极度自私。

从8月9日晚间起，东北各城市车站都出现了日本人逃难的狂

潮。罪恶的七三一部队根据大本营的命令,从 8 月 10 日晚开始销毁罪证并杀害还在押的用于试验的人,接着炸毁设在哈尔滨的总部,相关人员于 8 月 11 日晚乘火车启程逃向朝鲜南部海岸再回国。日军不敢使用这支当时世界上唯一的细菌部队,是因为正在与盟国讲投降条件,使用七三一部队在军事上已没多少用处还会罪上加罪。石井四郎等细菌战犯逃回国后,以向美国占领军交出人体试验资料为交换条件,在战后受到美方包庇而逃过了审判。

关东军首脑安排撤退时先私后公,更加剧了混乱。得不到撤退命令的日军还在阵地上顽抗,有希望逃脱的日本下层官民看到高官的眷属先走,也争着奔往车站。过去号称最服从命令的日本人此刻也大都不听管束,争抢上火车,还敢同维持秩序的宪兵厮打。不少上不了火车的日本下级官员和平民,甚至征用中国老百姓的马车南逃。分散在北满农村的 20 万以上的日本"开拓团"被弃之不问,有些人出于绝望而集体自杀,多数人扶老携幼在野外奔逃,因病饿沿途遗尸累累,也有不少丢弃的幼儿被中国人拾到收养成为后来的"日本遗孤"。这种崩溃时的大混乱场面,也是日本侵略者在东北罪恶统治招来的"恶有恶报"。

日军在中国东北东部和北部顽抗，要塞筑垒成为"难啃"处

苏军对中国东北及内蒙古的进攻，运用了伟大卫国战争中"宽正面、大纵深、高速度"的突击经验。战区总面积约 150 万平方公里，南北长 1700 公里，东西宽 1500 公里，苏军决心集中机械化部队，以突袭方式歼灭日本关东军，计划一个半月内取得全胜，这一时间表在当时已算得上是"闪电战"。随后日本投降之快却出乎预料，苏军在中国东北只进行了 9 天真正意义上的进攻战就转入了进军受降，在太平洋千岛群岛的作战时间则又延长十余天。

苏军在中国东北这个主战场上，由三个方面军在三个战略方向上实施，由远东方向的总司令华西列夫斯基元帅统一指挥。

在中国东北东部担负主攻的是新成立的远东第 1 方面军，其司令部由刚从芬兰前线调来的原卡累利阿方面军司令部构成，所辖兵力达 60 万人。苏联元帅梅列茨科夫担任司令员，负责指挥突破中国东北东部日军坚固的筑垒地带，直指牡丹江再从东部插向吉林，是攻坚难度最大的方向。这个方面军下属的第 25 集团军和太平洋舰队一部，又负责向朝鲜港口进攻。

在中国东北正北面向南进攻的是第 2 远东方面军，司令部就是原远东方面军司令部，所辖部队 30 多万人，主要担负从黑龙江沿线向哈尔滨方面攻击的牵制任务。

在中国东北西部实施进攻的是新成立的后贝加尔方面军，司令

远东第一方面军司令梅列茨科夫元帅，他指挥苏军朝中国东北东部发起进攻。

后贝加尔方面军司令马林诺夫斯基元帅，他指挥中国东北西部的进攻。

是马林诺夫斯基元帅，下属部队 60 万人，大部分是机械化部队，还包括拥有 1000 多辆坦克、自行火炮的第 6 坦克集团军。这一方向的苏军由中国东北西部直插伪满"首都"新京（长春）和工业中心沈阳，还以苏蒙混合骑兵机械化集群直逼张家口、多伦一线，以牵制华北日军。

苏军总攻开始时，东北抗联教导旅负责人周保中同苏联远东军负责人举行了伯力会议，讨论了如何配合作战的问题。根据苏方要求，教导旅紧急抽调了 280 人组成"伞降先遣部队"和先导队，分赴苏军各方面军。他们有的跳伞在敌后降落，有的走在苏联突击队前面，负责对日军实施火力侦察，并担任向导、袭扰日军后方及配合苏军的正面作战等任务。由于这些先遣人员担负最危险的任务，在仅仅十余天的战斗

表现周保中（指地图者）同苏军指挥员一起参加伯力
会议的油画。

东北抗日联军教导旅人员随同
苏联红军打回国内的照片。

中就牺牲大半。

　　在苏军三个主要攻击方向中，东北东部出现了最艰苦的攻坚战，日军在这个防御方向早已形成了坚固的防御阵地，苏军经过恶战还是实现了突破。

　　苏军在开战当天就突破乌苏里江一线的日军边境防线，对虎头、东宁等坚固筑垒难以马上攻克，就以部分兵力包围，以主力迅速穿过其接合部，天亮后就普遍深入敌区 15 至 20 公里。接着，苏军投入大量坦克掩护步兵向纵深推进。日军虽投入部分预备队力图封闭突破口，却在苏军大量坦克涌入突破口后很快被铁流冲垮，东段的日军除前沿失去联系的部队外都向纵深溃退。

　　8 月 13 日，苏军攻占了东部边境的林口、穆棱等地后，以大量坦克机械化部队迅速西进，并向日军第 5 军司令部所在地牡丹江市发起进攻。该地日军以 4 个师团进行抵抗，双方从 13 日至 17 日进行了五天反复争夺，此战成为苏日在东北战场上最激烈的一场恶战。

在牡丹江的激战中，双方形成了一幅钢铁与"肉弹"较量的厮杀画面。在苏德战场上被纳粹军人称为"黑死神"的苏军伊尔–2和伊尔–10强击机在距地面几十米的超低空俯冲，倾泻着37毫米航炮弹和机枪弹；那些名震世界的Ｔ–34和斯大林–2式坦克一面以直接瞄准的抵近射击消灭对方的火力点，一面向前冲击碾压堑壕；高呼"乌拉"的苏军步兵在耗弹惊人的炮兵徐进弹幕射击掩护下，成波浪形地不断向前冲击。这种空中近距离支援和坦克、炮兵、步兵密切协同的阵地攻击战术，对付缺乏大规模机械化战争经验的关东军发挥出了更大的威力。

在牡丹江方面指挥日军第5军的司令官清水规矩中将，以困兽犹斗的蛮劲来抵抗，作战指挥却是笨拙地采取正面对抗。在苏军强大火力下，日军先是依托工事坚守，阵地失守后就凭着"武士道"强令官兵发起反冲击。此时苏军掌握了绝对制空权，并以大批坦克和自行火炮攻击，而日军缺乏重装备，加上新兵多、训练差，采取密集队形反冲击只能在对方强大火力下伤亡惨重。据日军将领事后回忆，在牡丹江市及其附近的五天战斗中，日本第5军伤亡达3万

▲
苏军开战后突破日军防御阵地的照片。

余人。

　　苏军在牡丹江的争夺战中，也付出了出兵东北期间最大的损失，伤亡超过 1 万人，直至日本宣布投降，苏军虽攻占牡丹江市区，周围的日军还在顽抗。不过至 8 月 15 日，苏军远东第 1 方面军普遍前进了 150 至 200 公里，已深深楔入关东军在东北东部的防御纵深。

　　苏军在东线进攻时，感到日军一些小分队袭击和敢死队比较难对付。当地日军广泛使用敢死队，还派出自杀式攻击小组或单个"特攻"队员，袭击苏军小部兵力或单独行动的自动枪手、骑兵和摩托兵，还有人专门用步枪和刺刀"猎取"苏军上级军官。日本人所称的"肉弹丸"们，经常身上系满炸药和手榴弹，躲在稠密的高粱地里，见苏军纵队后就突然冲到坦克、汽车底下，或悄悄地走近苏军一群战士旁边自我爆炸。成群结队的敢死队员还在身上系满地雷和炸药，在苏军前进地域组成了活的游动反坦克雷场。

▲
这张照片摄于牡丹江战斗中。苏军为攻占该城激战至日本宣布投降后还未停止，8 月 16 日苏军才突入市内完成占领。

　　在牡丹江市周围的激战中，日军先后派出 200 名身上系满地雷和炸药的"肉弹丸"，许多人能冲到坦克和自行火炮底下。苏军占领牡丹江桥后，日军又让敢死队以自杀式出击将其炸断。据苏军战史记载，发现有 15 个敢死队员身上系满炸药包，冲到水泥桥墩上自

表现日军敢死队自杀式攻击苏军T-34坦克的画面。

我引爆。不过他们身上药量有限，有的人因过度紧张在未接近目标时便引爆，结果没有给牡丹江桥造成大的破坏。

苏军第257坦克旅进攻牡丹江东部时，就出现一场钢铁车辆与人体搏斗的惨烈大战。该旅于8月12日在行进间突入桦林车站，一举击溃了日军第125师团的一个联队，逃入车站周围高粱地中的日军惊魂甫定后，便派出一批敢死队轮番进行反冲锋。那些像是喝醉了酒似的亡命之徒手捧炸药包和集束反坦克手榴弹，迎着坦克冲上来，企图将爆炸物投向履带或防护薄弱的车体上后部。据苏军记载，此次战斗中有5名日本军官和2名士兵爬上基萨列夫中尉的坦克，正准备放置炸药，旁边的苏军坦克发现后马上用一阵机枪结果了坦克车体外面的日军。夜幕降临后，日军更为疯狂地向退守车站的苏军坦克旅扑来，苏军被迫来回开动坦克当活动掩体，掩护伴随的摩托化步兵把一次次冲入车站的日军打回去。双方血战了整整一天一夜，桦林车站附近丢下了900余具日军的尸体和24门被击毁的火炮，苏军的一个坦克旅经激战损失也只剩下 7 辆能开动的坦克，而按照正常编制一个坦克旅应有 68 辆坦克。

苏军对付这种零散小股袭击和近距离搏斗，主要运用了对德战争末期的经验。那时纳粹分子为垂死挣扎也组织过小股突击队，只不过一般不采取自杀性攻击。苏军向纵深推进时，在侧后都加强警戒，后勤人员也配备好武器。日军敢死队员盲目地信奉日本的神道教，出击前官长又宣布已将其灵牌送入靖国神社，使他们成为不能再返回的"活烈士"。由于日本大势已去，这些被迫送死者在绝望的心态中也大都精神恍惚，动作也难以机敏，一般达不到预期效果。在偷袭中，大部分敢死队员都被苏军发现而提前击毙或丧生于殊死的肉搏，只是在个别情况下袭击才侥幸得逞，不过成功者也难以生还。

在东北北部进攻的苏军，是一个次要的战略方向，属于远东第 2 方面军。这个方面军是长期驻守当地的部队，未参加对德作战而战斗经验少，兵力也不多，只拥有 700 多辆坦克和自行火炮，还大多是重量不过 10 吨、陈旧落后的 T –26 轻型坦克。8 月 9 日凌晨开战后，苏军阿穆尔河（即黑龙江）区舰队即掩护步兵在广阔的江面横渡黑龙江，乘日军警戒疏忽一举登陆，随后迅速向纵深前进。苏军对日军一些独立守备的筑垒地域只以小部队实施包围封锁，主力向南进攻。由于日军进行迟滞性抵抗，加上苏军渡河器材不足，方面军主力用了 6 天时间才陆续过江，因分批逐次投入战斗导致突击速度不快。至 8 月 15 日在这一方向大都只前进了 50 公里，只在个别地段前进

苏军原远东部队还有大量 T-26 坦克，在强渡黑龙江后投入进攻。

了 200 公里，距离攻击目标哈尔滨还很远。

所谓"苏满国境线"附近日军构筑的号称"东方马其诺防线"的 17 个筑垒地域，在苏军发起攻击时都是最"难啃"的硬骨头。由于这些工事多是钢筋混凝土构成，又存有大量弹药和食品，还大都建在山区，苏军的飞机、重炮和坦克难以像在平原那样发挥威力。苏军突击部队设法绕过这些要塞，仍留下后续部队发起攻击，方式一般是先用重炮轰击和飞机投弹，再以坦克掩护步兵冲击，猛攻不克再以人工送炸药爆破。

表现苏军阿穆尔河分舰队强渡黑龙江的进攻场面。

日军这些工事在修筑时，共存的弱点都是一线部署、前强后弱，苏军突破防线后很容易绕到其后面。攻击芬兰和德国坚固阵地时很有经验的苏联官兵，一般是先以狙击手封锁其射孔，再以斯大林-2 式坦克或自行火炮的 122 炮直推到其出口或射孔旁边直接瞄准射击，摧毁火力点后再以步兵占领表面阵地，让这些筑垒坑道中的守军成了"瓮中之鳖"。苏军先对躲到里面的日军及其家属以及"开拓团"等人劝降，为减少自身伤亡通常不冲进去，对不肯降的坑道就寻找其对外射孔、通气孔等向里面浇灌汽油点火焚烧，或以燃烧物烟熏。结果许多筑垒工事内部弹药被火引爆出现大爆炸，不少坑道内的人还全体被熏死。不过仍有许多据点久攻不克，如虎头、东宁、孙吴等筑垒的守军一直到日本关东军总投降后才被消灭。

苏联装甲大军穿越大兴安岭，从西部插入中国东北

苏军在中国东北三个方向展开进攻时，出人意料的是选择内蒙古高原作为主要突击方向，这一方向攻势最为锐利，所遇到的抵抗却最为轻微。

中国东北西部的几百公里边境纵深，属于草原、沙漠、盐沼地和山岭横断的人烟稀少区域，严重缺水且几乎没有车行道路，过去只有骑兵和骆驼队可以通过。苏联总参谋部从战争后期部队所锻炼出来的越野能力出发，确定了以几十万大军和数万履带轮式车辆从这里进攻的出奇之招。日本关东军的作战参谋们在 1945 年春天通过分析苏德战例，也提出这一方向可能会受到攻击，上峰虽表示同意，却因准备向南满总撤退而没有采取防御措施。

负责西部进攻的外贝加尔方面军，攻击正面宽度超过 1000 多公里，最北面以第 36 集团军进攻满洲里、海拉尔并向齐齐哈尔方向推进。那里是中东铁路的西段路线，也是关东军西部防御重点，苏军的进攻也让对手误认为当地是西部主攻方向。

　　日军在边境的满洲里城郊早就构筑了坚固工事，附近的扎赉诺尔又修有一个筑垒地域，纵深 150 公里处的海拉尔又是与东宁要塞并列的东北最大的筑垒工事群。8 月 9 日凌晨战争打响后，苏军利用水陆两用汽车强渡额尔古纳河，当天上午就冲入满洲里市区，同时猛攻附近的扎赉诺尔筑垒。苏军轰炸机和攻击机除猛烈轰炸前沿日军，还向海拉尔持续投弹。不过日军抵抗也很疯狂，苏军就采取对射击孔爆破和喷火的方式，逐个消灭这些阵地中的守敌，并以坦克和机械化步兵绕过这个阵地向海拉尔方向推进。

　　经过两天多激战，苏军终于消灭了满洲里和扎赉诺尔筑垒中的

表现苏军攻入东北纵深的油画，前面是被击毁的日军九七式坦克。

日军，至 8 月 11 日晚间推进到海拉尔前沿，并从两个方面插到要塞后方实施了合围。坚守在这个大筑垒区的日军有一个旅团级的守备队，兵力有 4000 多人，主峰阵地设有数层反坦克壕和铁刺网，外围又部署了三道环形防御阵地。日军利用工事多层次配置和地上地下联通的优势，死守硬拼，对冲入阵地的苏军还一再实施反冲击。苏军用了两天时间，才于 13 日实现了全线突破，进入要塞主阵地并占领了其表面。残余的日军退入地下工事成为"瓮中之鳖"，却拒不投降，仍利用一些暗火力点向外射击。苏军便用大量炸药、爆破筒、集束手榴弹、汽油等各种爆破燃烧手段，一个一个地破坏日军地下工事的出入口，并利用日军俘虏喊话劝降。直至 8 月 17 日早晨，要塞地下工事中残剩的日军得知本国已战败，才集体举着白旗走出来当了俘虏。

苏军出兵东北后，在海拉尔及其外围的攻坚战异常激烈，伤亡仅次于牡丹江之战。据如今仍

▲

苏军进攻日军海拉尔要塞的雕塑像。

常受中俄两国人民祭奠的海拉尔苏军烈士公墓的统计，要塞攻坚共牺牲官兵 1100 余人，其中军官 145 人。负伤的官兵近 4000 人，伤亡总计约 5000 余人。这场攻坚战和第二次世界大战中其他的著名要

苏军外贝加尔方面军在开战后穿越荒凉的草原开进。

塞攻防战如马其诺防线、塞瓦斯托波尔和柯尼斯堡防守战都证明，要攻克有坚固工事特别是地下坑道的筑垒，历来是进攻战中的大难题，需要使用多种手段并耗费相当时间。不过这些工事中的守军若是四面被围得不到增援，对手再持续猛攻，最终也还是难逃被"瓮中捉鳖"的覆没命运。

苏军外贝加尔方面军进攻海拉尔方向，在西满方向只起了牵制作用，战前方面军主力已开入外蒙古，包括在远东唯一的1个坦克集团军和2个合成集团军。几十万大军进入荒原，只有靠铺设野外输油管和供水管保障了油料和水源。8月9日开战时，苏军就以这些部队进入内蒙古境内，翻越大兴安岭，向沈阳、长春方向推进。

这个方面军还有另一个战略攻击方向，就是赤峰、多伦和张家口。苏军的第17集团军向内蒙古的赤峰方向推进，由乔巴山率领的蒙古人民军和苏军一部混合组成了骑兵机械化集群向伪蒙疆自治政府首府张家口方向推进，目的是牵制日本方面军。

当时外蒙古宣布出动了8万骑兵。其实外蒙总人口此时还不足80万，等于把几乎全部青年牧民都动员起来，其中少数人在一线作战，多数还是担负后方支援任务。苏蒙军进入广阔的内蒙古草原后，以每天60至90公里的速度推进，伪蒙疆自治政府头目德王属下的骑兵一触即溃，以步兵为主的日军不敢在草原上迎战，只得从上海紧急调来一个师团依托长城一线山地构筑工事据守，在日本宣布投降前还未进入交战。

苏军第6坦克集团军作为远东苏军的最重要的突击力量，于8月9日凌晨入境后，对日军设防的孤立的筑垒阿尔山要塞只以少数兵力包围，主力在沙漠和内蒙古草原上长驱直进。前进路上只有少数伪满骑兵巡逻部队，在浩大的苏军机械化大军面前都望风而逃。

▲
苏军在荒原行军时车辆常出故障，官兵便下车推动。

8月9日天黑前，苏军主要突击力量——近卫坦克第6集团军已越境前进50公里，进抵大兴安岭山垭口。据苏军老战士回忆，当时正值夏季赤日炎炎，摩托化纵队的头顶浓尘滚滚，遮天蔽日，甚至连邻近的车辆都难以辨认。蒙古草原上本来没有道路，苏军前锋便沿着草木丛生的山谷开路，炮兵、坦克、一列列汽车纵队沿着便道从一个山岗驶向另一个山岗。此时烈日烤人导致官兵口干舌燥，当时苏军坦克和各种车辆上都拴挂着水桶和油桶，尽力穿越这数百公里无水的灼热草原和酷热山地。

8月10日，先遣部队开始进入大兴安岭支脉，前面的车辆有时找不到路，侦察机便来协助进行空中引导，把兵团引到人行小道和马车路上。随行的大批工兵又到前边去用束柴和石头铺盖道路，在山区的羊肠小道上用炸药加宽路面。经过这种战史上罕见的努力，

至 8 月 11 日，苏军第 6 坦克集团主力完成了穿越大兴安岭的行军。跟随在坦克部队后面的乘车步兵和牵引炮兵，也靠绞盘等工具翻越了山岭。

苏军这支部队做艰难攀越时，假如日军派出小部队依托山险阻击，想通过这一地区就会异常困难。可是战前关东军过高估计了自然障碍的作用，在其他方向大修工事时在此地居然不设防，导致苏军这次艰难的进攻只成为一次强行军。

▶
穿越大兴安岭进攻的苏军一面砍倒树木开辟道路，一面向前推进。

当苏军第 6 坦克集团军的 1000 多辆坦克和自行火炮靠履带翻过大兴安岭下山后，前锋部队没有休整，直接冲向广阔的松辽平原。8 月 12 日，苏军一昼夜竟前进了 180 公里，创造了坦克兵在战时进攻前进的最高纪录。

▶
日军在战争末期顽抗的形象，右二手持的九六式轻机枪居然还上了刺刀，表现出变态的拼刺狂热。

日军发现苏军装甲部队越过大兴安岭时，几乎没有装甲部队可用于作战。他们根据诺蒙坎作战的经验，感到步兵在开阔地难以拦阻坦克，便想集中仅有的少量飞机从空中对苏军装甲车辆集群发起攻击。此时苏联飞机却控制了天空，日军剩下的少量轰炸机难以起飞，只好采用了在太平洋上使用的"特攻"战术实施偷袭。

据苏军战史记载，在 8 月 12 日至 13 日，"两昼夜之内，日机对近卫坦克第 5 军实施了 12 次袭击。九名'特攻队'对坦克进行了撞击，但这些飞机都坠毁了，而我军坦克却安然无事。"

从飞行技术的角度看，以飞机撞击目标长度只有 6 米左右而且是移动中的坦克，命中率远比撞击长度 200 米以上的航空母舰、战列舰要低得多，而且一辆坦克的价值又要比军舰小得多，使用空中自杀性攻击对付装甲大部队实在是有悖常理。关东军采取这种战术，只反映了自己的绝望，在军事上对苏军的推进并未构成多大障碍，只能产生一点精神威胁。

8 月 14 日，即日本宣布投降的前一天，越过大兴安岭东进的苏军已经占领了长春西面的重镇洮南，直接威胁长春、沈阳。此时，又有一个严重的困难阻碍了部队继续前进，那就是缺油缺水。这时苏军的坦克集团军脱离主要补给基地已达 450 公里，运油汽车远远落在后面。当时坦克和履带装甲车在几乎没有道路的地段上前进，燃料消耗要比正常道路高 2 至 3 倍，行军才三天，前方部队就表示马上就要断油，同时车辆上所载的水桶很快也都已见底。苏军坦克集团军不得不停下来两天等待燃料的补充，同时到附近寻找水井。

此时苏军幸好掌握了绝对制空权，日本飞机从不来干扰，在 8

▲

日军组织自杀式飞行员准备出击的照片。这种攻击只有些精神威胁而实际作用不大。

月 13 日以后的三天内向前方部队空运了 940 吨燃料。从空而降的油料桶不受干扰落地，才保障了这支钢铁洪流能继续挺进。由于当地已有一些村落，苏军又从那里得到了一些补充水。

在大部队停顿时，为不失战机，苏军仍以小分队继续前进。如近卫机械第 9 军和近卫坦克第 5 军暂时编成一个混成支队，所有其他车辆上的燃料都集中起来供给这个支队使用。此时，近卫坦克第 46 旅总共只有 18 辆坦克实施进攻，而近卫机械化第 30 旅则只有 7 辆坦克和 2 个摩托化步兵连实施进攻，不过他们前面的日军只顾向南撤逃，没有实施任何反击。

到 8 月 15 日，苏军的第 6 坦克集团军在开战后的 6 天内穿越了沙漠草原和大兴安岭，向中国东北纵深共前进 500 多公里，距离长春不到 200 公里，形成了将东北从中间一切两断之势。

▶ 描绘战争末期斯大林的油画，他这时主要从战后苏联的国际地位考虑作战。

从总的形势看，开战 6 天后苏军就基本完成了预定作战任务，在中国东北和内蒙古的四个突击方向上，分别前进了 200 至 500 公里，并在西部插入关东军的腹心地带。对当时苏军的攻势，日本陆军参谋本部俄国课课长林三郎在战后所写的回忆录曾对此评价说："最典型的是大炮、坦克和飞机的协同作战。苏军的这种协同作战，其力量实在惊人，它使人感到如同沉重的压路机在隆隆声中冲破一切向前推进。”

　　苏军出兵中国东北被苏联战史上称为“远东战役”，此役在以后几十年内一直成为苏军标榜在“战争初期”就取得决定胜利的大纵深、高速度、宽正面进攻战的典型范例。西方军界也普遍认为，此役是苏军现代“闪击战”最成功的战例，“在满洲战役中，俄国人不仅取得了胜利，而且在‘战争初期’就取得了胜利。”

七

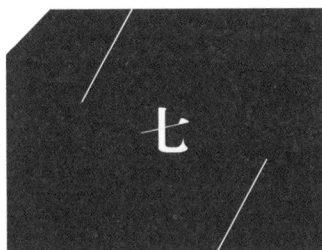

关东军经两天拖延才投降

1945 年 8 月 15 日中午，天皇以"玉音"宣读的《终战诏书》在广播电台播放，这对所有日本军民都如同晴天霹雳。长期的新闻封锁使他们无法知道战争形势的真相，8 月 10 日傍晚盟国通讯社已报道了天皇乞降的消息，中美英等国都开始欢庆战争胜利，关东军却把这一说法称为"谣言"而继续作战。8 月 15 日听到天皇的广播，日军仍只认为本国虽停止作战，诏书中却没有"投降"一词而大都不肯放下武器。关东军此后仍激战两天，至 8 月 18 日才开始投降。不过此后一些地区战斗仍未结束，苏军进入一个以攻击来"迫降"的阶段。

▲
刘宇一油画《密苏里战列舰上的受降》。

苏联参战后天皇"圣断"投降，日本官兵如闻霹雳

1945 年 8 月 9 日苏联对日宣战后，天皇召开御前会议讨论了一整天，在 8 月 10 日决定以保留天皇制为唯一条件，接受盟国《波茨

坦宣言》，并于当天通过中立国瑞典、瑞士向美国发出。8 月 13 日
得到美国含糊其词地表示肯定的答复后，第二天日本政府正式通告
盟国接受《波茨坦宣言》。日本接受投降的时间，应定在 8 月 14 日，
8 月 15 日只是天皇以广播向臣民宣布。日本政府后来为宣扬"圣断
挽救民族"，始终强调"八一五"是"终战纪念日"。

　　早在 8 月 10 日傍晚，关东军总司令部通过盟国广播也得知天皇
乞降，其首脑随即致电东京表示反对，并禁止下属传播此事。8 月
14 日下午，已迁往通化的关东军总司令部得到通知说明天将有重要
广播，总司令官山田乙三大将和总参谋长秦彦三郎中将及主要幕僚
匆忙连夜乘火车赶回长春，他们都明白听到广播就可知道是战是降。

　　8 月 15 日 12 时，长春的关东
军司令部每个有收音机的房间里，
日军都立正收听了天皇裕仁的"玉
音"，据说当时非常寂静，连眼泪
掉在地上的声音都能听到。市内的
日本兵营和日本居民区内，军民都
集合立正，首次听到的被称为"仙
鹤之声"的"玉音"。虽然这一广播中回避了"战败""投降"字样，
只说"接受"盟国的《波茨坦公告》。不过日本军民也明白本国的"圣战"
已失败并向对手屈服，顿时抽泣声、号啕声、以头扑地声到处响起。

　　广播结束后，中国东北的日本居民几乎是哭声一片，关东军官
兵也大都呆若木鸡。15 日下午，日本大本营下达"大陆命"第 1381

▲
1945 年 8 月 15
日中午，日本军民
从天皇的广播中得
知战败消息。

▲
听到广播得知战败消息的日本居民跪地号哭和精神崩溃的历史照片。

号要求"停止积极进攻行动"，却未命令各部队停止抵抗和投降。除太平洋战场上的海空战事停止，在中国、东南亚和满洲战场上，枪炮声都没有就此而停歇。此刻，日本军界头目还幻想谈条件，希望先实现"停战"再讨价还价，求得"全体官兵随即全部遣返回国"的保证才缴械。对此，蒋介石和美英军倒可以接受，已决心让关东军全部缴械当俘虏的苏军却不会答应。

天皇的《终战诏书》广播第二天，苏联《真理报》1945 年 8 月 16 日发表总参谋部的命令，要求武装部队继续进攻，并宣布："日本天皇于 8 月 15 日关于日本投降的公告只是一般性的宣言，对其武装部队还未发出停止战斗行动的命令，日本的武装部队依然继续抵抗，日本军队还没有真正投降。"此时，中国东北前线的激战还在进行，不过听过广播的日军毕竟知道已经战败，过去"皇国必胜"的信念崩溃，多数人已没有那种"武士道"式的拼命精神，开始出现大批举手投降的现象。不过在牡丹江、海拉尔等战地，一线日军普遍还未听到天皇广播，上面也没有下达投降命令，他们还在继续顽抗。

听过天皇广播后，在关东军总司令部内对战降问题争吵了一天。日军那批有"下克上"传统的少壮军官一向有狂热姿态，司令部内的参谋等下级军官多数要求继续作战，山田乙三大将和秦彦三郎中将这两个最高长官却始终一言不发。从他们随后的表现看，其实都想保自己之命，又怕被下级骂成懦夫，便拖延时间，结果造成前线成千上万的人继续送命。

吵到 8 月 16 日晚间，秦彦三郎总参谋长才满脸泪痕站到会场中间，俯身伸长了脖颈向下级表示要"服从陛下的命令"。他又说："那些顽固坚持抗战的人，最好先把我的头砍下来，然后再进行。"此刻，周围的少壮派只是一片呜咽声，没有人敢挥刀砍他。总司令官山田乙三见时机已到，就宣布"奉戴圣旨"，并要求与苏军"进行停战交涉"，其实就是准备投降。少壮军人们见大势已不可逆转，只好垂头丧气表示服从。

有意思的是，关东军历来是日军中最疯狂的策划战争机构，不过此次决定投降后军官们个个如同绵羊，鲜有人自杀，说明他们清楚大势，过去只是愚弄别人。在下面的战斗部队里却有一些愚昧的军官和下士官跑到"忠灵塔"前，或遥向东方，用战刀剖开自己的腹部。

此时日本天皇因担心驻海外的日军不服从命令，下令向关东军、派遣军和南方军这三个总军派出了贯彻"圣断"的特使。8 月 17 日，奉命向关东军传达天皇旨意的皇族竹田宫中佐乘飞机到达长春，山田乙三等人已经同意投降，不需要"说服"，而是马上让特使返回。

8 月 17 日早晨，山田乙三向各地日军下达与苏军开始谈判的命令，又派总参谋长秦彦三郎去哈尔滨找当地的苏联领事馆，想同远东苏军司令部建立联系却未成功。这天中午，山田乙三让电台转播了声明，表示派代表乘飞机前往牡丹江、密山、穆棱等城市，希望苏军不要误会。

同日本的南方军、派遣军和太平洋上那些孤岛的守军的投降拖

延了很久相比，关东军求降最迫切，主要是苏军攻击势头最猛而且不降不止。另外，山田乙三在日军中虽属老资格军人，此前却长期任教育总监，自认为打仗不多，此刻故意做积极表示也是争取个人得到宽大处理。

斯大林得到日本表示接受《波茨坦宣言》的消息，在远东的战略考虑就是尽快抢夺胜利果实，尤其担心美国插手中国东北、朝鲜和千岛群岛。当时苏军接到情报，称美国可能派海军在大连登陆。按照战争法则，停战时的位置就是战后谈判最有力的筹码，因而苏军决定必须赶在日本投降协定签订之前迫使关东军投降，并抢在美军进入中国东北前将其全部占领。

为减少战斗伤亡，远东苏军总司令华西列夫斯基元帅也要求尽快同关东军谈判，争取其早些放下武器。8月17日当天，苏军专门派军官到牡丹江和穆棱机场，接待了日军飞机送来的代表。苏军代表口气严厉地通知关东军的军使说，只有日军开始投降，并放下武器，军事行动才能停止。随后华西列夫斯基元帅会见了到其司令部来的关东军总参谋长秦彦三郎，拒绝了他提出的"保留少数武器以防备满洲当地居民伤害"的请求，要求日军必须全部缴械，其生命安全由苏军负责。苏军表现的一点宽大，只是同意让投降的日军暂保留

建制，携带现有给养和生活用品，并允许官兵佩戴原有的军衔并保留军刀（后来考虑到让俘虏佩刀不合适也予以没收）。关东军见无法讨价还价，8月18日凌晨3时下达命令要求全军投降。

关东军下令投降当天，又在通化导演了伪满政权最后一幕傀儡戏。8月18日，溥仪按身边的日本"御用挂"吉冈安直中将的安排，在通化避难处召集群臣举行"退位"仪式，宣布"退位诏书"并解散"政府"，次日又上飞机去沈阳再准备转赴日本避难。日本当局到最后关头还玩这一招，就是想向国际上特别是中日两国显示建立和解散"满洲国"都是溥仪个人的意愿和行为，以此推卸自己操纵建立伪政权的罪责。

伪满小朝廷作鸟兽散后，伪总理张景惠等人马上赶回长春，参加关东军同苏军的投降谈判，并想建立"维持会"。此人在张作霖

▲

日本天皇的"八一五"广播后，日军并未马上投降，苏联表示继续进攻。这是表现苏军在东北继续突击的画作。

父子时代就任高官，日军入侵后投靠又能在伪政权再升一步，此时又幻想暂时应付苏军，再等国民党接收还能继续当官。苏军却将他和当时能找到的伪大臣全部抓捕，作为战犯押往远东的赤塔，新中国成立后又将他们移交回来改造。

按盟国《波茨坦宣言》的声明，在日本政府投降后，"日本军队在完全解除武装以后，将被允许返其家乡，得有和平及生产生活之机会。"海外各战区的日军都想拖到本国正式签订降约后缴械，重要原因就是想免除战俘身份而能随即遣返回国。9月2日，在东京湾的美国"密苏里"号战列舰上，日本代表正式在投降书上签字，这才是战争真正结束的标志。

在中国战场上，侵华日军拖到1945年9月9日即日本签订投降书一周后才签降约，就是要美国和国民党当局保证他们随后全部遣返（只扣下极少数有证据的战犯）。在西贡、新加坡的日军南方军，也是拖到9月2日以后才投降。

苏联因战后恢复急需劳动力，想利用关东军的几十万壮劳力。因此，苏军急于让日军在其本国投降协定签字前缴械就俘，对外就可解释说这批人是在战时的战俘，不让其返回家乡而拘押服劳役。后来解密的历史档案也证明，关东军总司令山田乙三为讨好苏联，

▲
伪满总理张景惠的照片，他在关东军投降时想建立维持会，结果被苏军抓捕。

也致函表示可让部属"为贵国建设做贡献"。

战后，美国和日本政府都指责苏联违反《波茨坦宣言》的规定，扣留日军人员服了几年劳役。苏联政府却辩解称这些人是战时被俘，不在宣言允许的解甲归乡之列。这些不同解读，其实都是出于不同的国家利益需要。

日本表示投降后，苏军又攻占千岛群岛等地

苏联对日作战的主战场在中国东北，还有朝鲜、库页岛南部和千岛群岛为次要战场。《雅尔塔协定》中也规定了其应获的利益，不过对朝鲜只提出"共管"而未划分界线。8月9日开战前，苏军计划先以一个半月占领中国东北，对其他攻击方向未准备马上采取行动，同时在同美国商谈时将海战任务推给美军。

1904年至1905年日俄战争中海上惨败的教训，仍使苏军记忆犹新，他们对日本海军一直存有畏惧。到了1945年夏，原先实力居世界第三位的日本"帝国海军"已是明日黄花，战斗舰只大都损失，苏联太平洋舰队与之相比力量仍显得单薄，因作战信心不足仍在海上采取防御。

开战当天，苏联海军仅以轰炸机袭击了朝鲜北部港口，并开始向港外大量布雷以防日军舰艇出动。8月10日半夜，苏联得知日本提出乞降，斯大林马上从战后势力范围划分的角度考虑进攻朝鲜，因在"共管"原则下能占多少地方还是靠实力说话。此时苏军在地

面上还未占领中国东北东部特别是延边地区，便立即开始修改海军
作战计划，准备从海上攻入朝鲜，并通知了美军以避免误会。

　　8月11日夜，苏联太平洋舰队在海参崴基地临时抽调了8艘鱼
雷艇和2艘护卫舰，运送900人的海军部队在靠近苏联国境的朝鲜雄
基港登陆。以鱼雷艇作为登陆舰只，确是世界海战史上所少见，反

映了这次攻击行动
准备仓促。8月13
日至16日，苏联太
平洋舰队又调集可
用的舰只，将约一
个旅的兵力运送到
清津港登陆，以加
快占领朝鲜的进度。

此时美国航空兵得知苏军想在朝鲜登陆，马上格外"积极"地履行原先"协助苏联海军"的诺言。美国飞机马上在罗津港附近布设了 375 枚水雷，在清津港附近布设 203 枚。由于这种"帮助"，苏军在进攻这两个朝鲜港口时，并未遇日军海上打击，反而有一些舰艇被美国水雷所炸毁，美苏这两个战时盟友的明争暗斗在此时就已经开始。

8 月 14 日，苏军以 1 个海军营在清津港登陆，上岸后很快遇到日军 2 个联队在铁甲列车掩护下实施猛烈反击，上岸的苏军一时被压缩至海边，处境危殆。这个营的官兵却顽强奋战，在滩头站住了脚。次日苏军又有一个旅在舰炮火力掩护下在清津强行登陆，已经掌握了

表现苏军水兵登陆后向日军冲击的油画。

绝对制空权的苏军航空兵又接连不断地支援上岸部队，终于打退日军。8 月 15 日，日军听到天皇的"终战"广播，顿时斗志丧失而南逃，苏军于 8 月 16 日顺利攻占了清津市。

在朝鲜沿海的战斗中，日军不仅抵抗十分疯狂，对其抓获的个别苏军俘虏也极为残酷。在战斗中，苏联红海军女战士、卫生员玛丽娅抢救伤员时腿部负伤，被日军俘获。日军残酷地殴打她，挖出

了她的双眼，并用刀割烂了她的全身。但是这个女卫生兵直至最后被凌辱至死，也不肯向敌人说出一点东西，战后被追授"苏联英雄"称号。

此时美国军队还远在冲绳，害怕苏联独占朝鲜，按照一名叫迪安·腊斯克的上校研究地图后于30分钟内画出的一条线，确定以北纬38度线为界由美苏两军分区占领（这样南北两区面积基本相等）。8月15日，杜鲁门总统向斯大林提出这一建议，次日便得到同意的答复，这是因为双方原来议定"共管"朝鲜就只好平分。

实力是划分势力范围的基础。战争结束时美国综合国力占优势，斯大林在取得既得利益的前提下采取守势。日本投降后，苏军原想占领北海道，马上遭美军拒绝，只好作罢。入朝苏军占领清津后，日军不再抵抗向南狂逃，转入长途追击的苏军于8月19日进占了平壤。8月23日，从平壤南进的一支苏军进入了北纬38度线南的开城，如果再行驶几十公里就能进占汉城，不过他们看了地图后就停下来。

苏军在朝鲜中部停顿了半个多月后，9月9日美军才在仁川登陆，几天后进到三八线的开城附近，同苏军实现了会合。此时拥有7个师团的日军第17方面军共17万人都已撤往南部，在那里向美军缴械而避免成为苏军俘虏。朝鲜也从此分裂为南北两部分，这不久又引发了一场战争。

日本表示要投降后，斯大林又马上下令尽快占领千岛群岛，因为担心强大的美国海军赶在前面下手，《雅尔塔协定》中"千岛群岛应交予苏联"的保证也未必算数。

8月15日，苏联远东第2方面军匆忙下达了准备进行千岛群岛登陆战役的命令。这个群岛由十几个较大的岛屿组成，连绵近1000公里的岛屿群像一串海上链条，横在俄国东部的鄂霍次克海和太平洋之间，夺取这些岛屿已是几代俄国人梦寐以求的愿望。

苏联太平洋舰队主要由轻型水面舰只和潜艇组成，缺少登陆舰艇，只好临时动用征集的民轮和渔船。8月17日，第一批登陆船由堪察加半岛上的彼得罗巴甫罗夫斯克基地起航，18日在千岛群岛最北面的占守岛上岸。

▼
表现苏联海军在千岛群岛登陆的油画。

占守岛是千岛群岛中最靠近苏联、防御工事也最坚固的一个岛屿。岛上日军第73旅团连同配属部队共1万余名官兵虽听到"终战诏书"，却未接到投降命令。当苏军登陆时，日军指挥官下令抵抗，并出动了几十辆坦克向登陆先遣队发动进攻。双方恶战了一天，损失都很大，不过苏军后续部队在空军和舰炮火力掩护下不断上岛。8月19日，日本大本营接到占守岛的报告，正好同日天皇又向武装部队下达了"抛弃武器"的诏令，便下令千岛守军进行谈判投降。8月21日，岛上的日本守军全部放下武器。

▲
表现苏联海军攻击千岛群岛的油画。

苏联对日开战后，库页岛（俄称萨哈林岛）也是战场之一。库页岛北面有苏联的1个军，南面驻守的是日军第88师团。岛上地形狭长，森林和沼泽密布，苏军只能沿纵贯全岛的一条公路进行攻击，进展缓慢。日本宣布投降后，苏联太平洋舰队于8月16日起以登陆兵在库页岛南端登陆抄袭日军侧后，至26日以一个军的部队完成登陆，在日军停止抵抗后完成了占领任务。

8月22日至28日，苏联海军运送部队在千岛北部的幌筵岛、舍子古丹岛、松轮岛、得抚岛等处登陆。这些岛上的日军接到投降命令都没有抵抗，向上岸的苏军整队投降。

苏联占领了北千岛诸岛之后，继续向称为"南千岛群岛"的各岛进攻，从8月28日至9月1日在南千岛——择捉、国后、齿舞、色丹四岛登陆。在这些岛上的日军第 89 师团等部的 2.4 万官兵因奉命停止抵抗，全部向苏军投降成为俘虏。这样，在千岛战役中，苏军共俘虏日军 5.4 万人，占领了连绵 1000 公里的整个群岛。

苏军最后占领的南千岛群岛的四个岛，位于日本北海道东北，总面积近 5000 平方公里。按苏联的解释，这是落实雅尔塔协定中"千岛群岛应交予苏联"的条文。日本却一直坚持称，

"北方四岛"在历史上就是日本的固有领土，长期归北海道政府管辖，应该不属于雅尔塔协定划归苏联占领的千岛群岛的范围之内。

美国对苏军的这种夺岛行动，根据雅尔塔协定的规定并无异议，后来当日本提出"归还北方四岛"的要求后又给予暗中鼓励。这一日苏（包括后来日本同俄罗斯联邦）争执的焦点，属于历史遗留难题，至今还很难解决。

昔日征服者投降，少数据点却顽抗到底

当关东军的代表打着白旗进入苏军阵地时，苏军也准备了进入关东军后方的人选。8 月 17 日接到日军准备投降的通知后，远东苏军总部感到地面推进速度不够快，决定迅速以飞机运送军使和部队去日军的后方抢占要点。

日军同意投降后，
苏联空军受领敌后
的空运任务。

    8月18日上午，前线日军基本都接到关东军总司令部的命令，开始了集体投降。苏军感到空运部队去日本后方大致也不会遇到抵抗，决定派飞机冒险前往。18日傍晚，苏军飞机在哈尔滨着陆，当地日军并没有抵抗，苏军空降兵在城里迅速占领了日本领事馆、宪兵队和警察局的建筑物，至8月19日凌晨已把市区的重要目标置于自己的警戒之下。

    8月19日早晨，贝加尔方面军司令部又派出作战处处长阿尔捷缅科上校率军使代表团，在战斗机掩护下，乘美制的对苏租借的C-47运输机强行在长春机场着陆，接着赶到关东军司令部，让总司令官山田乙三签署无条件投降书。对方对此表示同意，下午苏联空降兵便大批在机场降落，也控制了市内一些要点。

    8月19日下午，得知"先遣队"在哈尔滨、长春空降成功，苏军派出225人的先遣队乘飞机到沈阳（时称奉天）机场降落，下机

▲ _____
溥仪被苏军俘获后带到飞机旁准备运走的照片。

▲ _____
苏军进入哈尔滨后在文庙前的合影。

后便赶到日军第3方面军司令部，接受了后宫淳司令官的投降。到达机场的苏军在候机室里意外地遇到一个大人物，即伪满洲国皇帝溥仪，他正根据关东军安排在等飞机准备逃往日本。苏军既客气又强制性地将溥仪带上自己的飞机，运回了赤塔。俘虏这个头号傀儡在军事上并无意义，却可以作为苏军出兵的一大战利品进行政治宣传。

此时关东军在中国东北腹地基本停止抵抗，苏军后贝加尔方面军已进入东北腹地，便以坦克兵和机械化先遣队向各主要城市急进。在夏秋之交的雨天里，本来路况就不好的汽车道大都难以通过，苏军车辆只能一步不离地沿着铁路的路基前进。

经过日夜兼程，8月19日苏军坦克进入了赤峰和齐齐哈尔，8月20日又进至沈阳。8月21日，苏军坦克和机械化步兵又开进长春。进城后的这些苏军向已投降的日军提出的第一项要求，就是立即交出全部汽油，以灌注自己车辆上已经见底的油箱。

在中国东北东部，苏联远东第一方面军也组织先遣队疾进，于8月20日进入吉林市。

8月22日，苏军向大连机场空运了空降兵，到达后也占领市区内的要点。8月24日，从沈阳乘火车南下的苏军部队到达大连、旅顺，开入大连市区街道之际有成千上万的中国居民围上去欢呼。虽然到达的不是中国军队，可是受日本统治当40年亡国奴的日子毕竟结束了！苏联的随军摄影师马上拍下了这一生动的画面，多少年里一直是最好的宣传材料。

▶

苏军进入大连时受到群众欢迎的照片。

▶

苏军占领旅顺军港。

苏军进入中国东北后，情报机构马上抓捕当年投靠日军的白俄头目和骨干，如"外贝加尔地方临时政府"首领谢苗诺夫就被押回国内公审处决。1938年叛逃到中国东北的苏联留希科夫上将请求日本人送自己去"第三国"，负责看管的特务机关却逼其自杀，遭拒绝后为灭口又在旅顺将他秘密击毙。

苏军控制了中国东北各战略要点后,在8月下旬分别解除了关东军的武装。历来注重仪式的日军在投降时也不例外,各地奉命缴械的关东军部队均整队集合,以平时那种蚊叮虫咬也不许稍动的立正姿势,根据口令声整齐划一地放下武器。战败降服者还要最后显示一下大和民族的组织性、纪律性和顽强精神,这确实给监督缴械的苏军和旁观的中国人留下深刻印象。

▲
日军向苏军缴械的情景。

为受降方便,开始苏军还保留了长春的关东军总司令部,对其军官也没有缴械,只是让他们按照苏军要求下达命令。8月24日,远东苏军总司令华西列夫斯基元帅飞抵长春,还会见了山田乙三大将,据说投降者恭顺得近乎献媚。当日本关东军和驻朝鲜的日军除零散人员外全部被解除武装后,9月5日苏军才解除了关东军总司令部的武装。

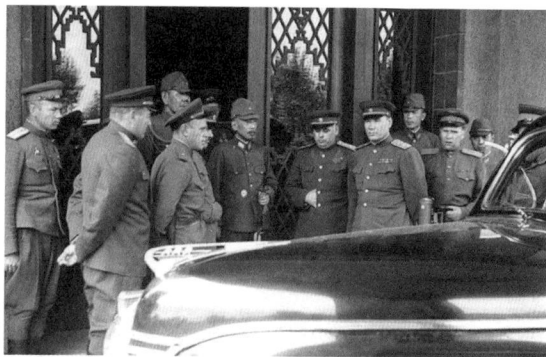

▲
1945年9月5日,苏军将关东军司令部缴械,中为司令官山田乙三。

关东军总司令部被缴械时,苏军对山田乙三等高级军官和下属参谋还算客气,让他们交出手枪时还允许佩带军刀和军衔,随后他们一起被押往苏联。山田乙三因在投降时对苏军表现顺从,战后审判时认罪态度又比较好,还揭露细菌战的罪行,因此受到苏方优待。

被俘到苏联的百余名日本将官，同伪满战犯一起住在作为拘押所的赤塔疗养院内。据溥仪等人后来在回忆录中记述，这些日本高级军官同他们一样过着供给优裕且有女服务员照顾的生活。1950 年内苏联将一批在华犯有战争罪的战犯移交新中国送抚顺战犯管理所，留苏的山田等人则在 1955 年全部被特赦归国（在中国的绝大部分日本战犯也在 1956 年特赦）。

少数日军顽抗不降，拖延了一段时间才被歼

1945 年 8 月 18 日，关东军总司令官虽下达了投降命令，东北部分地区战斗并未马上停止。特别是一些被切断通讯或被打散的日军官兵并不知道投降命令，仍以游击方式袭扰苏军。一些坚守筑垒并抱有强烈"武士道"精神的日军，明知战败还在继续抵抗。

▶ 苏联受降军使（左坐者）进入关东军司令部，日军头目恭敬站立相迎。

乌苏里江边的虎头枢纽据点是关东军部队顽抗到底的典型，战后几十年间一些日本战史还在赞美他们的行为。开战时留守当地的日军为混成第132旅团的一个大队和一个重炮中队1300人，随后退入据点的其他部队又有600余人，由大木正大尉临时负责指挥。这个军国主义死硬分子，战后还长期被日本右翼吹捧为"楷模"。

在虎头枢纽据点中，装有称为"亚洲第一炮"的410毫米口径巨炮，开战后就按早已标定好的射击目标摧毁了对面的苏联铁道桥。8月9日当天，苏军就以2个步兵师在重炮掩护下包围了虎头要塞，并摧毁了其表面火力点。不过要塞有许多暗火力点事先难以发现，苏军步兵发起冲击接近制高点时突然遭受到步机枪袭击，造成不少伤亡并使进攻受阻。

苏军随后采取以152毫米和100毫米的自行火炮伴随攻击，以直瞄射击打击其射孔。日军火力点陷入"开火即被发现，发现即被摧毁"的绝望状态，只好龟缩到地下。苏军寻找并控制了各个洞口和通气孔，就将汽油灌入地下工事中并点着，里面躲藏的日军官兵和许多前来避难的日本"开拓团"的老幼们被熏得鬼哭狼嚎，不少人还窒息而死。剩余的日军仍凭借迷宫一般的地下坑道，继续顽抗不降。

8月15日当天，虎头据点内的日军也在收音机里接收到"玉音"，可是这些出身平民的武夫们从未听过天皇讲话声音。已变成疯狂魔鬼的大木正大尉怒斥部下说："关掉收音机！哪里有什么陛下的广播，分明是削弱我军战斗力的谋略性广播。"

8月18日，苏军派出已经当了俘虏的预备役中尉白井充当军使，到虎头要塞劝降。守备队的副官中野利一中尉虽知道了日本已投降，却狂叫道："大日本帝国是神国。我们与其投降敌人，不如选择死！"他指着白井大骂道："叛徒！卖国贼！"接着又挥起军刀，竟一下子把白井劈死，又对几个前来传递消息的朝鲜人大骂"快滚"。

▲
吴云华油画作品
《攻克虎头要塞》。

苏军指挥员得知日军劈斩军使的消息，又采取炮击、爆破和灌油火烧的持续攻击，连绵几个山头的虎头要塞的地下阵地终于一块块倒塌下来，大木正等顽固分子都死在里面。8月26日，虎头守军中共有70多人从残剩洞中钻出来投降当了俘虏，几乎都是年过30岁并有妻小的士兵，其余的日军和近千名日本"开拓团"平民全部"玉碎"在地下工事中。

在东宁筑垒地域固守的日军，从开战当天起激战至8月28日。苏军将其包围后，以空军向这一筑垒地域投弹数千吨，其表面工事大部被毁，不过守军还退守于坑道内。日本宣布投降后，要塞日军指挥官却不相信而顽固不从。苏军远东军便让关东军专门派来劝降特使河野中佐，进入要塞传达命令，守军才放下武器。据投降时统计，守备人员战死共150人，还剩下900人投降当了俘虏。

东宁据点日军的投降，标志着中国东北地区日军大规模的抵抗告终。此后，东北境内还有一些零星战斗。

1945年9月25日，在齐齐哈尔附近的龙江县哈巴岗子村附近，又发生了一场歼灭残余日军的激战。当地有300余名日本官兵在主力败降后逃入山林，不久吃光了所带粮食，便派人到中国村落中要粮食。村民们早对日本人充满仇恨，当即打死几个，有两个日本兵趁机泅水逃走。9月24日，躲在山中的这伙日军集体下山报复，对两个村落的中国居民进行了血腥屠杀，造成男女150人遇害。

得到报告的苏军，于9月25日赶到。困兽犹斗的日军埋伏在公路边，待苏军4辆汽车到达后突然袭击，双方展开了肉搏格斗，苏联官兵因猝不及防牺牲不少。不过后续部队随之赶到，满腔怒火的苏军很快将这批日军全部击毙。当地政府建起苏军烈士纪念塔时，根据墓碑统计的牺牲者共有111名。

关东军集体缴械时，有一些日本军人不愿当俘虏而逃离大部队，按苏军共毙俘67万人的统计数字与关东军原建制75万人对照，这就出现了8万人的差额。这其中有部分人逃到朝鲜，也有一些人躲藏起来。据苏军报告，直至10月上旬，在山区路边还发生过零星地消灭小股日军的报告。随后东北进入冬季，逃散或藏到山中的日本军人在野外无法生存，有些人死亡，大多数人脱掉军装混入日本居民点。翌年春东北民主联军在通化镇压暴动时，调查当地几万名待遣返的日本居民的情况，就发现里面竟有6000余名隐瞒了原身份的军人，还包括一名勾结国民党特务指挥暴动的大佐军官。这批日军残余人员除少数滋事作乱者被镇压外，其余的人翌年还是在"东北百万日侨大遣返"时以平民身份回国。

原来由日本控制的伪满军队有17万人，此外还有10万人以上的武装警察。位于边境地区的军警在苏军进攻时四处溃逃，东北内地的伪军警则解体散入民间，其中的骨干大多被国民党收编为"先遣军"。苏军因没有当地群众基础，对东北10万以上的土匪队伍基本无可奈何，后来中国共产党领导的剿匪部队才将这批民族败类全部消灭。

▲
苏联画家所绘的日本关东军向苏军投降的油画。里面交出军旗的动作并不符合史实，因日军投降前都焚烧了部队旗帜。

苏联进占东北交通要道和各城市后，绝不任用伪满总理张景惠那类汉奸，曾暂时让一些地方士绅牵头建立过临时政府，不过真正信任的还是从苏联返回的原东北抗联人员。8月29日到9月3日，抗联领导人大都乘坐苏联运输机分别到中国东北和朝鲜的指定城市，担任各城市苏军警备司令部的领导职位，如抗联教导旅旅长周保中就成为苏军第一任长春卫戍司令部的副司令"黄中校"。

根据苏方安排，抗联人员分别派驻到 57 个大中城市，以协助苏军维持治安，并独立发展自身的力量。此时因苏联同美国的关系开始紧张，苏军想占领日本一部分北海道的要求也被拒，斯大林便开始对中共在东北的发展秘密提供帮助。东北抗联驻各大城市的人员迅速招收人员扩大队伍，在短时间内发展到 4 万人，并以缴获的日军武器装备起来。这些临时扩大的队伍虽然老骨干太少，内部不稳固，毕竟还是为八路军、新四军部队进入东北打了前站，抗联的队伍随后也编入中共领导的东北民主联军中。

　　尽管消灭日本侵略军残余的斗争持续了一段时间，苏联进行的远东战役从开战到关东军投降只打了 9 天（后来还有些小规模后续作战），战绩确属辉煌。不过战后苏联方面发表的数字与日本的统计数字相对照，却存在一些差异。

　　据苏联在战后第二年宣布，出兵中国东北时击毙日军 8.3 万人，俘获日本将官 148 名，中下级军官和士兵 59.4 万名。自身伤亡 3.2 万人（其中阵亡 8000 人）。当时苏军以小的代价击败日军，没必要夸大战果和缩小己方损失。苏联解体后俄罗斯解密了历史档案，对远东战役的统计是苏军阵亡 9780 人，伤重死亡 1340 人，病死 911 人，总计死亡 12031 人。这一数字多于 1946 年的公布数，是因添加了中国东北之外的千岛群岛和库页岛的阵亡者，又算上伤病死者。

1958 年苏联国防部出版的《第二次世界大战》一书，列举了苏军出兵中国东北时缴获火炮 1565 门、迫击炮（包括掷弹筒）2139 门、坦克（战车）600 辆、飞机 861 架、步枪 70 万支、轻重机枪 1.2 万挺。后来苏联又宣称，这些缴获品后来大多数都交给了中共武装。

　　进入东北的中共部队确实收到了苏联转交的武器，却远达不到上述数量。原因是苏军统计数虽有根据却存在很大的不准确性，如苏联所称的 600 辆"缴获战车"的数字里其实包含了报废的旧车和拖拉机等车辆，缴获飞机数包括大量教练机、"满洲国"的民航机及仓库中报废的飞机。

出兵中国东北胜利的苏军士兵展示缴获的日本旗。

　　日本对关东军的战死统计，也与苏联的数字不同。据日本厚生省援护局战后调查，在中国东北"战殁者"人数为 4.6 万。死于 8 月 15 日之前的是 2.6 万人，8 月 15 日以后又"战殁"2 万人。苏日所说的关东军死亡数差不多有 4 万人差额，这该如何解释呢？不过双方统计中都有一个数字，即关东军投降后在东北关押时，俘虏因负伤不治和生病等原因死亡4.3万人。看来苏军所宣布的毙敌数，是将其看押的俘虏在东北因伤病死亡的数字也包括在内。

苏联把关押时的死者算入"击毙"，理由是伤重不治者也是因前一段战斗导致了毙命，以避免外界指责自己待俘不善。日本把这4万人不列入"战殁"而算成关押时死亡，明显是指责苏联虐待俘虏。

在历史上，统计数字之争往往都包含着政治含意。不论日苏的统计数字有什么差异，一个基本事实却无争议，那就是日本关东军这个自日俄战争后盘踞中国东北40年的罪恶侵略武装，被苏军以武力打击和集体缴械方式彻底消灭。

尾声

苏军进攻日本才促其投降

在人类生活的地球村里，命运虽有共同性，又会因政治立场和利益冲突存在分歧，看待历史事件就会有不同观点。人们戏称"椅子决定脑子"，这也就是唯物主义所强调的"存在决定意识"。对1945年8月间这个重要历史时刻，不同立场的人对美国投掷原子弹、苏联出兵和日本投降就有着不同看法，谈起来一直是观点对立。在中国人民眼中，苏联出兵、日本投降和抗战胜利这三者恰好连成一体，在当年曾被隆重庆祝，多少年来还一直得到充分肯定和纪念。

▲
王铁牛油画《庆祝东北光复》，表现了苏军出兵和日本投降后东北人民的欢庆情景。

是美国的原子弹还是苏联出兵导致日本投降？

在美国向日本投下原子弹和苏联出兵攻日几天后，1945年8月13日毛泽东在延安干部会议上就断言："日本投降的决定因素是苏联参战。百万红军进入中国的东北，这个力量是不可抗拒的。"事过几十年，当大量历史档案解密和各种真相大白后，国人还会认为毛泽东当年的这一论断是正确的。

美国对苏联对日开战的态度，是根据政治需要屡有变化。1945年7月"曼哈顿"计划完工，造出第一批共3枚原子弹，不过此前对其威力还难料，号称"原子弹之父"的设计主持者奥本海默对爆炸当量的估计也在2000吨至2万吨之间，若按最低估计就比不上一次常规大轰炸。美国先后两任总统罗斯福、杜鲁门为减少本国进攻日本的伤亡，从1943年起就请求斯大林快些参战，得到同意后又在1945年夏季前的几个月内向苏联远东港口运去近100万吨战备物资（主要是汽车、油料和军粮），若不是急切相求怎会送这么多东西？

▲
表现苏联太平洋舰队出击朝鲜港口的油画，其实力虽不强，日本却很担心其攻击北海道。

7月16日，美国试验了一枚原子弹，爆炸效果达到最高估计值。杜鲁门一时感到靠核轰炸就能让日本投降而用不着苏联，对苏援助物资就此停止。8月6日，美国B-29轰炸机向广岛投下第一枚原子弹，当天炸死了7.4万人，日本却没有反应，这让杜鲁门大失所望。8月9日美军再向长崎投下仅剩的另一枚，因落点地形不利，杀伤和破坏效果又远不及广岛。美国再造一批原子弹（3至5枚）至少要几个月之后，杜鲁门又希望苏军快点行动。8月9日得知苏联对日开战，

他马上对记者发表谈话表示欢迎，并说了一句自己后来不愿再提的话——"谢天谢地，战争总算要结束了！"

日本投降时虽销毁了不少档案，决定投降的上层讨论记录却完整保留，从中可看出天皇和重臣都认为苏联是否参战将决定日本的命运。8月6日原子弹爆炸的消息传来，次日天皇只催促驻莫斯科大使尽快请苏联调停，并未开会讨论广岛被炸一事。

这时的日本上层，对城市被炸已是"破罐子破摔"的感觉。从

1945年3月起，美国轰炸机开始了称为"火攻日本"的持续空袭，一次投掷上千吨燃烧弹就能烧掉一座城市的大半住房，这对于木结构建筑为主的日本城市也是灭顶之灾。半年间日本共有六十八个城市遭到大轰炸，就伤亡数而言，东京3月9日当天就丧生超过10万人。就城市被毁面积而言，

周补田油画《广岛原子弹爆炸》，这一事件产生了世界性影响，对日本投降产生了什么作用有不同看法。

1945年日本遭受轰炸时的宣传画将燃烧弹视为最大威胁。

广岛则排在第四。当时日本五十个人口超过 10 万的城市中，只有五个没有被炸，其中四个是在美国飞机因航程所限难飞到的北海道，还有京都城因有人类历史文化遗产而被网开一面。

在两枚原子弹都投下后的 8 月 13 日，日本强硬派代表陆相阿南惟几大将在会上仍说："原子弹还不如燃烧弹吓人呢！"倒是首相铃木贯太郎主张大力宣传广岛、长崎遭核轰炸的可怕，原因是想以此向国民解释为什么接受投降。他在御前会议上就讲："不需要别的理由了，原子弹就是最好的借口。"这话表明日本内阁只是想以此为借口，说服国内接受投降以保存国家元气。铃木贯太郎在 8 月 13 日的内阁会议上又催促快些投降，仍是以苏联进攻作为主要理由，并特别强调说："如果我们耽搁，苏联不仅会夺取满洲、朝鲜和库页岛，还会夺取北海道，这会摧毁日本的根基，必须在还能与美国打交道时结束战争。"

8 月 15 日，天皇向国民广播了"终战诏书"，里面倒是提到原子弹，目的恰如铃木所建议的那样说明再战斗会带来"民族之毁灭"。不过 8 月 17 日他发给全体军人的"敕令"，解释"终战"的必要性时只提及了苏联参战而未提原子弹，这也

▼
1945 年 8 月日本投降时的内阁成员，前排中为首相铃木贯太郎，后排右二为陆相阿南惟几。

▲

表现 1945 年 8 月
日本天皇主持御前
会议讨论投降问题
的油画。

说明苏联参战才让日本上层失去了再战的希望，从而表示愿在保留天皇制的条件下接受《波茨坦公告》。全面地看，日本被打败是综合因素造成，包括中国抗战在内的各国反法西斯力量都做出了贡献，不过苏联参战给了近乎垂死却还想挣扎的日本侵略者以最后致命一击。

战争结束后，日本政府在几十年间却着重渲染原子弹造成的破坏，并称其为本国"终战"的决定因素，还谴责苏联出兵只是趁火打劫。这种说法的目的，就是想表示自己战败是因敌人拥有自然界难以抵御的"大杀器"而非本国军人无胆无力，还以此将本国打扮成战争的"受害者"，完全是出于政治目的曲解历史。

大战结束后世界进入冷战时期，美国需要以核讹诈作为对外政策的基石，于是又大力宣传原子弹决定一切。西方社会出于尊美贬苏的政治立场，也一直鼓吹美国的原子弹迫使日本投降，说苏联参战只是投机取巧。中国的蒋介石为了借美国恐吓国内的革命力量，也把原子弹的威力吹得神乎其神，并认为不应该请苏联参战。

媒体的宣传都服务于当权者的需要。毛泽东在苏联出兵东北后就讲过："美国和蒋介石的宣传机关，想拿两颗原子弹把红军的政治影响扫掉。"他还批评中共内部有些干部也受到西方媒体宣传的影响，并强调说："假如原子弹能够解决战争，为什么还要请苏联出兵？为什么投了两颗原子弹日本还不投降，而苏联一出兵日本就投降了呢？我们有些同志也相信原子弹了不起，这是很错误的。"

对原子弹和苏联出兵作用的争论，在世界上一直持续了几十年。改革开放后，中国社会思潮出现多元化，西方强势媒体也影响到一些人的历史观，夸张美国原子弹的作用和贬低苏联出兵的观点又有了一些市场。如果持这种历史观，就不仅是否定苏联在东方反法西斯斗争中的作用，也同样会贬低中国革命力量抗日斗争的功绩，进而还会影响正确认识当年共产党人的奋斗初心。

苏联在反法西斯战争中所建立的功绩不能因其后来的解体而被否定。苏联出兵东北，在当年曾是中国革命者的希望，今天国人也还在纪念中苏两国并肩同日本侵略者战斗的友谊。

为纪念苏军出兵东北，沈阳车站前几十年间一直矗立着的苏军坦克纪念碑，后经与俄方协商移至郊区。

斯大林"先德后日"战略和支持中共进入东北是两步高棋

　　苏联对日本宣战后的作战时间很短，不过两国军事对峙的时间却很长。苏俄政权自建立起，就把日本当作东方最主要的敌人。斯大林的对日战略可谓"长期准备，短期清算"，虽说在 1937 年以后派空军到中国同日本航空兵交锋，随后又在张鼓峰、诺蒙坎进行了时间和规模都有限的作战，却都是见好即收，要首先解决了德国后再打日本。从苏联国家利益和整个世界反法西斯战争全局来看，"先德后日"或者称"先欧后亚"的战略，无疑是高明之棋，美国、英国其实也是如此。日本偷袭珍珠港后，美军不得不两线作战，不过仍把欧洲和大西洋战场放在第一位。

　　有精明战略头脑的人最忌讳多面作战，搞"两个拳头打人"，而要集中力量应对一个重点。日本在早期侵略战争中连连得手，就采取多方拉拢、专打一点。发动甲午战争时日本集中全力打中国，一旦看到沙俄准备出兵"干涉交辽"帮助清王朝就马上收手。日本发动对俄战争，又是事先争取到美英支持和清王朝中立。进入 20 世纪 30 年代后期，日本上层因扩张连连得手而野心恶性膨胀，出现了欲望太大同实力不足的根本性矛盾，表现出了"全面征服"和"北进""南进"三种战略主张并存，天皇又要在其中搞平衡，结果军队在中国内地、中国东北和太平洋战场三分兵力。战后一些日本人总结，当年是"同时追三只兔子"，结果一只也没追上，只是将自己耗得国力枯竭。日本当局到了战争末期倒是竭力想同苏联和好，然而常年结仇到急时才想抱佛脚，怎么能办得到？

从全球战略格局看，苏联出兵中国东北不仅仅是苏日之间的战争，也关系到战后亚洲战略形势，关系到美苏两国在远东势力范围的划分，还关系到中国内部国民党、共产党之间的力量对比。苏联出兵东北后仅6天，日本天皇就下诏接受盟国要其投降的要求。苏军开战仅9天后，关东军便投降。这次作战时间虽短，对中国却有巨大帮助。此刻在中国关内战场上，日强中弱的形势并没有根本改变，几个月前国民党正面战场还出现了大溃败。关内的110万日军若继续以中国城乡为战场拼命顽抗，肯定会导致多数大城市化为废墟和无数人牺牲。苏联对日开战，促成日本当局由原来鼓吹的"一亿总玉碎"变成"一亿总投降"，在华日军也遵命降服（不过只单方面向美蒋投降而拒绝向解放区军队缴械），这就使包括中国绝大部分富庶地区的沦陷区没有受到大破坏。

苏军出兵后，迅速占领了东北那块中国最富庶、最发达的地区之一，并以雅尔塔协定限制了美国直接插足，中共中央才能下定"向北发展，向南防御"的决心，抢先进入东北那块全国最重要的战略要地。对比一下就可知，当时美军抢占的上海、天津、青岛等地，全都交给国民党军作为进攻解放区的基地。如果不是只看局部的不愉快，而是从全局着眼，就可看到苏军进占东北对促进中国革命的胜利有着重大的促进作用。

通过已公开的史料可看到，苏联虽表面上遵守了同国民党政权的协议，还是支持中国革命军队在东北的发展，并提供了一些缴获的武器，并使东北解放区有一个"背靠沙发"的有利战略环境。1983年8月，解放战争时期曾任东北局副书记的陈云对编写《辽沈决战》一书曾做过这样的概括——"那时，苏联党对我们的力量估计不足，并有雅尔塔协定的约束，但他们还是尽力帮助我们的。"陈云的这段总结，道出了当年苏联态度的两面性：一方面低估中国革命的胜利前景，并因为美蒋的外交关系束缚限制过中共活动；另一方面还是"尽力帮助"，帮助又占主导地位。

斯大林对中共提供秘密和有限的帮助，也是为维护苏联的利益。日本投降后，美苏矛盾马上激化，国民党当局完全投靠

美国，并把青岛让给美军作为基地，还允许美方获得在中国大陆垄断商贸和随时可派军舰进入等特权，这种以卖国求援助的行径，不仅招致中国人民强烈反对，也引起苏联极大的警惕。斯大林尽管对中共也有些误解，却需要提供援助以对抗美蒋。中国共产党人主要靠自力更生，又争取到苏联一些帮助，在东北就能建立起最强大的

野战军和经济力量最强的根据地，中国革命在抗战胜利四年后就取得了最后胜利。

本国人民自己的选择决定着历史发展方向

20世纪60年代中苏发生论战争吵时，苏联的宣传中总对中国以"恩人"自居，特别强调出兵东北并援助中共是中国革命胜利的根本原因，这显然也是对历史的曲解。

唯物主义者都会承认，一个国家的革命和变革能否出现、能否成功，都是本国社会发展的需求。如果不顾当地人民的需要和觉悟程度，打着"革命"的旗号用武力硬性地把一种社会模式强加于别国，

苏联推动世界革命的宣传画。

只能引起反感和抵触，从长远意义上讲反而会延缓真正意义上的革命的进程。二次大战后期苏军进入东欧和伊朗北部时，也都按自己的模式在当地建立政权，结果有些因没有群众基础而迅速失败（如在伊朗），有些建成后又得不到多数人民拥护导致政权长期不稳。

中国革命的胜利，最根本的原因是出于本国人民的长期要求和不懈斗争，苏联的援助不论怎样讲也只是一种辅助力量。仅以解放军在战争时的武器来源

而论，主要靠战场缴获，是由蒋介石这个"运输大队长"送来的。据当年中共中央机关的人回忆，1948年夏天毛泽东曾收拾行装准备出访苏联，身边一些年轻的同志就说："主席这次到苏联，可以向斯大林要些坦克、大炮，快点取得解放战争的胜利。"毛泽东的回答却是——"至于坦克、大炮，还是向蒋介石要，他送来的美国武器更好。"

▲
陈坚的油画《银箭》，描绘了东北民主联军三下松花江以南的场面，画中表现出部队所用的武器主要是日军遗留装备。

这句话不仅是诙谐的玩笑，也是铁一样的事实。苏军在东北转交的几十万支日本旧枪，对人民军队虽有用处却并不起关键作用，解放军从国民党军那里缴获的枪就有300万支。以毛泽东为首的中共中央在指导革命斗争和建设事业中，又认清和抵制了苏联模式中消极和错误的东西，这才有了新中国发展建设的辉煌成就。

当年苏联对华态度中消极的一面，就是在某些方面沿袭了沙皇俄国的大国沙文主义。如斯大林在雅尔塔协定中提出出兵中国东北的条件，除"外蒙古现状需维持"外，还提出恢复1904年日俄战争之前"俄国在满洲"的权益。这些"权益"，其实正是列宁在苏维埃政权建立之初谴责过的"俄国资产阶级在中国掠夺的"，并在对华宣言中曾宣布予以放弃。斯大林又提出这种要求，正是对十月革命所体现的革命原则的背弃。

对苏联继承沙俄的物质和精神遗产的表现，中国共产党人一向

▲

旅顺的中苏友谊塔。

表示不满。在中苏之间有"兄弟般"关系时，苏联提出想在旅顺修建纪念物，除纪念二次大战的牺牲者外，还要为日俄战争时期的俄军将领修纪念塔。周恩来马上向苏联大使尤金时表示，对于修建二战相关纪念物，中方完全支持，对于日俄战争则不应纪念，列宁已对这一战争的帝国主义性质有正确的阐释。1955年苏军从旅顺撤军时，双方只建起一座表现中苏两国友谊的纪念塔。

如实事求是地看，当年苏联向国外出兵不仅是为了扩张本国利益，毕竟还有促进世界革命的愿望，后者虽出于美好的理想主义却难于实现。当年苏联对日本的关系也有两面，在国家利益上一直敌对，思想理论上还想对日推动革命。如日本的共产主义思想传播者片山潜就在1921年流亡苏俄，参加了列宁组织的共产国际的领导工作，还于1922年创建了日本共产党。日共在国内却始终得不到合法地位，秘密组织又屡遭"检举"镇压，片山潜只能抱着遗憾病逝于莫斯科。

从日本战时的社会状况看，只有日共举起了反侵略的旗帜，但其国内多数人却将其骂成"露探""老毛子的奸细"，纷纷向警视厅和特高课举报。其关键原因，是日本通过对外战争发展了经济，军阀、财阀得利的同时，也让多数民众沾光提高了生活水平，下层很多人也拥护扩张。直至民众经历了战争失败的惨祸，不少人才感到日共原来的反战立场是对的，战后日本共产党才能在社会上有活动空间。

当年苏联宣传说出兵"消灭了日本关东军",若从政治意义上看倒说得通。不过从军事意义上讲,战争期间毙伤俘之敌可算消灭,战后根据国家命令成建制投降的军队就应算解除武装。西方国家和日本在战后都指责,苏军真正作战不到 10 天,关东军有三分之二的部队还未交火就成建制投降,按盟国《波茨坦宣言》应放他们回国过和平生活。苏军在中国东北、朝鲜、南库页岛和千岛群岛共接受日军 65 万人集体投降(在东北近 60 万),只将其中难以劳动的伤病残者释放,还有一些医护人员和其他技术人员因东北解放区的工作需要被移交。苏联将 56 万日军投降者押回国内,首先是为国内恢复经济提供劳动力,其次也含有改造这批人以推动日本革命的想法。

日本官兵被押往苏联后,编成 1000 个劳动大队,在西伯利亚铁路沿线城市和工地服劳役。一些被认定有战争犯罪者(如细菌战部队成员)和情报特务系统的人被专门关押和审讯,关东军总司令山田乙三为首的高级军官同溥仪等人在赤塔收容所过着受优待生活。据当年同他们在一起的人回

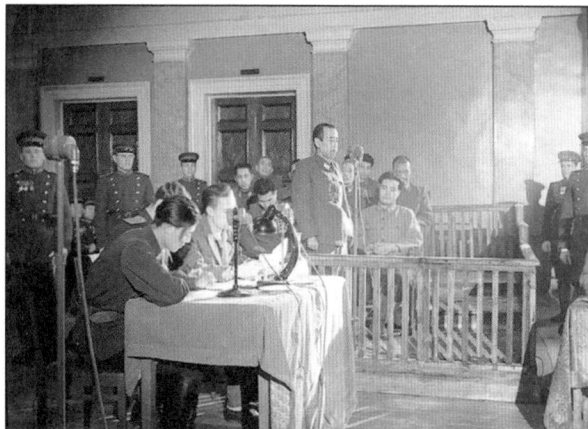

关东军总司令山田乙三在苏联法庭上认罪并揭露日本战争罪行,因而得到苏方优待。

忆，苏联也让这些高级俘虏整天学马列著作，在立场未改变时，这种学习能有什么效果？

日本宣布投降导致"神国"的精神支柱崩塌后，据形容，昔日有"武士道"狂态的官兵迅速就由狼变羊，任"伊万老爷"打骂都不敢有丝毫不满，被称为"最驯服"的战俘。他们刚到时，许多苏军官兵和老百姓都搜身以劫掠手表、怀表、钢笔一类值点钱的东西，头一年生活条件最差。此时日俘在衣食都缺乏的情况下服劳役（这一年苏联也是饥荒时期），是死亡最多的时期。有一个劳动营因早餐每人只有三个土豆，便派代表找苏联管理人员交涉，不过路过其食堂时一看苏军看守兵吃饭时碗里也只有几个土豆，只好扭头回来。

1947 年以后日俘生活有了改善，在工地同苏联人一起劳作，待遇与外籍工人几乎一样。苏方对比各国战俘，认为德国人干活严谨却对生活要求高，意大利人好吃懒做干活效率最差，日本人既能忍受困苦而工作又最认真。于是，苏联在各国俘虏中只对日本战俘公布了特殊政策，欢迎其留下来同苏联女人结婚（其国内刚经过战争男女比例严重失调），条件却是改变国籍。当时苏联生活比日本还苦，战俘们又普遍思念家乡，最后统计只有几千人留下。从 1948 年至 1949 年，苏联遣返了除少数战犯外的战俘，总计 49 万人回到日本。在苏服劳役期间，共有 6.6 万日俘死去。

日军俘虏刚到苏联时，军官的权威并未消失，往往是他们只动嘴而指挥士兵干活。从 1946 年冬天开始，苏方为在政治上改造日本战俘，让全体人员在工闲时开展"民主化运动"。这一运动采用传统政治方式，向下层进行阶级教育，让士兵揭露军官平时怎样毒打和压迫他们。各大队都组织了斗争会，据回忆气氛还相当热烈，那些平时总挨耳光的士兵尤其是新兵们纷纷起来报复军官，把军官的威风打掉后由积极分子尤其是日共党员担任了领导职务。在苏联的日本共产党人又到各俘虏大队发展组织，并要求除反动军官外的全体人员都学马列主义。苏共中央联络部还设想，这批战俘回国后还能推动反美运动和日共的大发展。

后来的事实却证明，日军下级战俘虽在发泄过去所受压迫时大都参加了批斗军官，对政治教育却多有抵触。据统计，在苏期间参加日共及其外围组织"红旗支队"的人只有6万人。这49万战俘遣返回国后，日本警视厅害怕其已被"赤化"而严密监视，还对许多人找工作加以限制和歧视（极少数人因此愤而返回苏联结婚定居），导致不少人沦为流浪汉，有的则加入黑社会。不过警视厅经仔细调

苏联组织日本俘虏中的进步分子进行宣传，发展"红旗支队"，至1949年遣返时有6万人参加。

尾声　苏军进攻日本才促其投降　**231**

查发现，归俘中只有几千人到日共组织报到，这些数字说明战俘在苏时参加日共及外围组织的比例本身就不高，其中多数人还是为争取早日回国"假积极"。笔者在20世纪90年代在日本时曾问过一些归俘，他们说苏方终日教育他们"回国后要参加日本共产党，打倒日本政府"，多数人只表面答应而内心并不接受。

在中国东北苏军所占地区的日本人，大都对苏联有很不好的印象，尤其是进城初期的抢掠奸淫，给国际反共势力包括日本右翼以宣传口实。笔者在日本访问讲学时曾向当年在中国东北的日本老人询问过对苏军印象观感，发现即使是痛感过去侵略战争责任并对中国有歉疚的人也会怨恨苏联的做法。其实在东欧尤其是在德国东部，苏军同样对侵略者和普通平民不分青红皂白进行报复，刚进军当地时纪律很糟，这不仅败坏了社会主义国家的声誉，也带来了长远恶果。

苏联对日俘的教育也证明，想让人信仰一种主义并参加一种组织，必须让其感到其优越性并受到精神感召。当年日本俘虏在苏联所受待遇不好，又看到苏共领导下的人民生活也比较苦，同时对苏军伤害日籍平民的作为积愤在胸，怎么可能达到苏共的理想要求呢？在战后的日本社会，从中国归来特别是从解放区遣返的军民因受过优待和正确教育，大都成为主张和平和促进中日友好的积极分子。从苏联回到日本的战俘，大多数都成了反共反苏活动的参加者，这也是值得人们反思的。

笔者同解放初期出生和成长的不少人一样，对苏联及其红军总有一种斩不断、理还乱的思绪。我们早年心目中的苏军是正义的代表，后来了解到他们有过霸权行径和在别国纪律败坏的负面行为，辉煌与阴暗的两种记忆便交织到了一起。不过尊重历史的国人，一直铭记苏联红军对中华民族解放

▲

笔者（左）和苏军老战士一起在莫斯科向二次大战中牺牲的苏军烈士献花圈和致敬的照片。

事业的帮助，这也是中苏关系史的主流。从中苏友好时期直至现在，中国土地上的苏军烈士墓和纪念碑前每逢节日都摆放上花圈。如今，中俄两国在重大纪念日总是共同庆祝当年对日本侵略者作战的胜利，也进一步彰显了双方的战略伙伴关系。

讲历史再看现实，最根本的感受还是"发展是硬道理"。近代中国由于腐朽衰弱，惨遭日本的入侵蹂躏，驱逐外寇还要求助于他国。别国以中华大地为战场，毕竟不是光彩的事。只有国家强大崛起于世界民族之林，才能让那些落后挨打的历史永远成为过去。